遇见孩子就是遇见更好的自己

Be there for your children,
you'll become better together.

枭帆◎著

天津出版传媒集团

天津人民出版社

图书在版编目（CIP）数据

遇见孩子就是遇见更好的自己 / 枭帆著. –– 天津：天津人民出版社，
2016.11（2017.8重印）

ISBN 978-7-201-10891-9

Ⅰ.①遇… Ⅱ.①枭… Ⅲ.①家庭教育 Ⅳ.① G78

中国版本图书馆 CIP 数据核字 (2016) 第 238547 号

遇见孩子就是遇见更好的自己
YUJIAN HAIZI JIU SHI YUJIAN GENGHAODE ZIJI

出　　版	天津人民出版社
出 版 人	黄　沛
地　　址	天津市和平区西康路35号康岳大厦
邮政编码	300051
邮购电话	（022）23332469
网　　址	http://www.tjrmcbs.com
电子邮箱	tjrmcbs@126.com

责任编辑	王昊静
图书策划	张　臣
装帧设计	颖　会

制版印刷	北京盛通印刷股份有限公司
经　　销	新华书店
开　　本	710×1000毫米　1/16
印　　张	16
字　　数	193千字
版次印次	2016年11月第1版　2017年8月第2次印刷
定　　价	39.80元

家人小档案

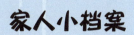

妹妹

斐莉雅，小名甜妞，是2007年出生的小射手：大方、乐观、不扭捏、不娇气……她也是标准的小女生：喜欢粉红色、裙子、娃娃、马和其他小动物。

哥哥

阿德里安，小名阿迪，是个2005年出生的小天蝎：敏感、执拗、讲逻辑、完美主义、争强好胜……也有些小特点：慢热、狡辩、没有把握不出手。

妈妈

枭帆，文中的代词有：我、大侠、本大妈。性情有些豪放，也有些正能量，所以在妈妈育儿圈里混了个"诨号"：大侠！

爸爸

"男一"，是一个好老公、好爸爸、好儿子。性格开朗，比较有童心，是家里的大总管。

陶思璇：每一个绽放的背后都是爱的付出

枭帆是我的老朋友了，我们彼此见证了对方的青春岁月，见证了彼此的成熟与成长。

当年我们都还青春年少时，已经彼此欣赏；因为欣赏，也会相互支持，特别是在对方需要温暖和保护的时候。

青春期的故事总是因为纯净而美得让人心动。

很坦率地说，当年问其他朋友借钱从丽江飞去上海参加枭帆的婚礼，听她讲那个感人的婚纱故事，看她和他轻松自在地互动，看到那么多好朋友从四面八方聚在一起给他们最美好的祝福，心里对她有描述不尽的羡慕，只觉得上天对她实在是太好了，她一直如此幸运，真的爱情事业双丰收。

那时，枭帆还有一份相当不错的工作，在单位里备受重视，前途不可限量。

再过一段时间，打电话给她，才知道她已经定居德国了。

　　她邀请我去德国做客，我口里答应着，心里却在盘算自己的账户，计算往返机票和酒店食宿所需的费用，心里再次对她的美好生活充满向往，期盼自己也能够遇到这样美丽的爱情。

　　又过了几年，打电话得知，枭帆已经怀了第二个宝宝，暂时没有回国的打算，看样子是要一辈子在德国定居了。

　　所有关于她的信息，都是这样断断续续通过电话获取。

　　"她的运气真是好啊。她太幸运了。"这是我出现最多的想法。

　　直到两年前，我因为在意大利学习，终于绕道德国去拜访、探望这个青春少年时的老友。那次住在枭帆的家里，每天跟她一起送孩子上学、接孩子放学，听她讲自己的故事，讲她和他怎样相遇、怎样交往、怎样走到了一起。

　　我最大的震撼是，当她选择、决定和他在一起的时候，他正遭遇着事业上的磨难。而爱，能够让最普通的人创造出奇迹。

　　果然，他们共同努力，很快就扭转了局面，开始看到美好的未来。接下来的事就是顺理成章地发展，他们一步步实现了自己的计划。他为这个家创造着新的财富，她为这个家贡献着源源不断的爱；他会尽量抽出时间留在家里，和自己的爱人、孩子、亲人们在一起，她也会继续学习，充实自己，做自己力所能及的社会活动，尽可能让自己保持着与社会的联结，保持着自己的社会价值。

　　他和她，分工明确，相互协作，爱已经渗透在他们点滴的生活细节里。在这样的家庭环境里成长，他们的两个孩子各有特点，非常出色。

　　这是一个充满爱的健康家庭，每一个成员都可以在这个家里找到属于自己的合适位置，都能够自由发出自己想要发出的声音，自由表达自己的需要和观点。

　　我想，枭帆的故事就是在和所有人分享一个词：坚持。只要你能够坚持，坚守自己的信念和理想，你就一定能够抵达你想要的彼岸，事业、爱情莫不如此。

　　而我最感动的，也莫过于枭帆的坚持。坚持，让她的心像水晶一样晶莹剔透，最终也因此获得了自己想要的品质生活。不是她真的有多么幸运，而是她有一颗充满爱的心，是她的爱和坚持，让她把每一个人、每一件事都变成了一种幸运。而这一点，才真正是她能够获得今天的幸福的秘密。

　　如果你也想像她一样，拥有自己理想的生活，那就像她一样吧，以爱坚持。

目 录

Part 1
孩子童年里，每个妈妈都给得起的快乐

PART 2
妈妈的时间在哪儿，孩子就在哪儿

Part 3

心·灵·小·旅行：如何跟孩子保持最亲密的距离

Part 4

家有二宝：有些事让他们用孩子的方式解决

Part 5
家里有爱的5种语言，孩子自然情商高

Part 6
妈妈活得精彩美好，孩子自然会跟随

Part 1

孩子童年里，
每个妈妈都给得起的快乐

👑 家门外的大世界

探索世界可以从熟悉自己周围的环境开始。孩子打开家门就是旅行，孩子张开眼睛就能扩大视野。关键是家长要用心，孩子要乐意！

我们生活的社区里，就有很多孩子可以学习的内容，不一定非要到名山大川去，或者一定要乘飞机、住酒店才能长见识。

在孩子童年的快乐时光里，德国学校有很大一部分教学内容就是教孩子爱上大自然，爱上宠物，爱上自己的家人和周围的朋友，还有最重要的一条就是熟悉自己周围的生存环境。

如果你要孩子志行千里，那么就让他们先充分了解自己的足下。

比如，上学路上开始快乐的一天。

孩子能开心去上学，本身就是一件父母需要花些心力维持的事情。开心地离开家门走向学校，是孩子一天美好时光的最佳开始。给孩子最好的祝福就是你对他的信任，还有对自己的信任！

比如，支持孩子组织一个日常小旅行。

不一定非要等到孩子生日或者什么纪念日。一个正常的午后，阿迪说想邀请两个小朋友到家里来玩，并提出想组织个骑自行车的小活动。

我听了鼓励他说："你可以邀请4个小朋友，可以骑单车一直到Donaostauf（多瑙施陶夫），然后去那里吃个冰激凌再回来。"阿迪很开心地说："妈妈，我可以邀请6个小朋友，我带上我的钱，我们

Part 1

Part2

Part3

Part4

Part5

Part6

去吃冰激凌，然后回来时再去Dalius（大流士）家里玩一会儿，然后再到他家边上的游乐场玩半小时，回来时从最远的路骑回来。"

我除了举手赞同，还给他们准备了水和小点心，同时申请为他们的活动拍照做记录，并申请能否加个小队员，把妹妹带上。

完美的半天，就在家门口的小旅行，你和孩子也是立马就可以着手做了。

比如，借个孩子一起去旅行。

当家里只有一个孩子，可以有个让你瞬间有俩的方法，那就是"借"个孩子。是的，"借"个孩子来家里，"借"个孩子一起去旅行，"借"个孩子一起度周末等。

为什么要"借"一个孩子，不是增加自己的烦恼吗？不是增加自己的负担吗？

先说说家有两个孩子的好处：

1.更懂得分享，体会分享的美好。

2.更懂得沟通、处理问题。

3.更懂得团队合作，更懂得和其他人和平共处！

如果家里那个娇生惯养的小公主或飞扬跋扈的臭小子，在短短几天可以拥有上面的国际优秀人才所具备的基本能力，是不是值得家长斗胆一试呢？

家里来了小朋友，不但可以培养孩子的主人翁意识，而且对妈妈来说也是个小挑战。管理两个小毛头孩子，负责他们的吃喝拉撒睡还只是体力活，处理他们的争抢、执拗、哭喊、对抗，更是挑战妈妈的各种忍耐力！手下从只有一个兵到瞬间翻倍，你一定要试试看，给自己一个惊喜或深刻印象吧！

遇见孩子就是遇见更好的自己

比如，让孩子和小伙伴玩耍。

父母养孩子年复一年，如果稍微改变态度，日子就会变得更加的丰富多彩！

孩子每一天走出家门，如果有好心情，如果觉得开心，如果有个好伙伴，就每天都是在愉快地旅行。

孩子有个好伙伴儿，真的可以让每天上学变得更加有乐趣，让生活变得更加有期待，甚至，这个好伙伴儿，还能让孩子因一个共同爱好而一起好好学习（阿迪的愿望一直是考上文理中学，将来上大学当个发明家，好友原来准备去上另一个学校，但后来貌似也改变了主意，说要和阿迪一起去上大学）。

我还听到一个很温暖的小细节：阿迪和Joh（约）两个人计划一起买别墅，在分配房间时阿迪帮甜妞申请了一间，说妹妹不太懂赚钱，他需要带甜妞一起住别墅。Joh说昨天弟弟也申请和他们一起住，他答应弟弟可以和他们做邻居。两个小暖男啊！

那天下午，我必须带甜妞去骑马，两个男生也一起作陪，但是他们可不会无聊，除了一直在商讨将来要一起买别墅住在一起，他们还在妈妈喝咖啡时在超市门外的雪地里玩得一身汗。

孩子和好友们的每一次相聚，都是一次好玩有趣的小旅行，不是吗？

Part 1

Part2

Part3

Part4

Part5

Part6

👑 我们可以把家里弄乱吗

（阿迪甜妞：我们俩先不发表意见，听听老妈又在数落我们什么。）

一年暑假，我和孩子们在上海，老爸在厨房里忙晚饭，我撅着屁股在客厅里收拾孩子们乱丢的玩具、书本，还有棒棒糖的包装纸。我作为"劳动人民"有怨言了，因为每天无论多么卖力多么勤快，家里被孩子搞乱的速度永远快过我收拾的速度。

我嘟囔着阿迪的乐高玩具又乱放了，甜妞把饼干屑弄沙发上了。同时还很纳闷，那个xx家，人家也是俩孩子，可为什么人家的客厅就能保持干净整齐。

（甜妞：吃点饼干也要被唠叨，我每次都赔着100个小心了。这样吧，下次我帮妈妈吸尘，您就别闹心那地板上的饼干屑了。）

吃晚饭时，老爸笃定地讲："你收拾的房子有孩子给你弄乱，你应该高兴，说明咱家里有生机。10年20年后你想让孩子们来捣蛋，说不定你连他们的影子都看不到。不要羡慕人家家里干净和整洁，那是你去之前他们刚收拾好。"

唉，老爸就会安慰人！

上次在博客留言里看到一个妈妈说："我以前的房子每天收拾得像样板房，随时都可以让摄影师来拍时尚杂志，自从有了俩孩子，我第一件事就是容忍家里开始变得乱哄哄，觉得这样才是真正的生活。"

7

可有时看到我们家到处都是"生活着的痕迹"，我这个曾经的"伪洁癖"还是难以忽视自己的观感。

德国的家庭超级干净，不仅室外，还有室内。好像你走进去的任何一家，都是干净整洁的样板房。客厅里没有乱丢的玩具，厨房里也没有水渍和果皮。我每次都会偷偷地问自己：这么大的房子，女主人每天得花多少时间来整理并保持清洁？

Part 1

（阿迪：妈妈就是虚荣，乱点儿怎么了，只要爸爸不吵，我们保证都不嫌家里乱。）

Part 2

有了俩孩子，因为小人儿而滋生了超多的物品。玩具是最大"祸害"，哪儿哪儿都是。用品也不少，他们的书、他们的画笔、他们的衣服……好像无论多大的书柜和衣柜，都不够用！地下室满了，车库也满了，花园阳台也开始堆积了，扔也不能扔，收拾永远收拾不好。

Part 3

Part 4

阿迪刚会走路那会儿，我们请了一个上海阿姨，有次她很沮丧地跟我讲："我的工作一点儿也体现不出成效，我前脚收拾好，小人儿后脚就给我弄乱。"说实话，这么些年过去了，我依然超级理解和同情当初她的遭遇。

Part 5

申展哥哥是个很有见地的小男生，他到我们这里一个月，估计是经常听我嘟囔这些，小男生也教育我说："大姑，你家里根本就不是乱，阿迪和妹妹那么多玩具，你总得让他们玩儿。如果他们什么都不玩，那就不正常了。他们俩就应该像现在这个样子，闹也好，乱也好，都说明他们是正常孩子。"咳，难道我的认识还不如一个小屁孩？

Part 6

在我们家里，每周五诗达蕾就会来大扫除，说实话，我和老公都会很盼望也会很喜欢经过老太太半天的专业打扫后家里窗明几净的样子。诗达蕾真的是个神人，超级有条理、超级利索，同样几只长毛玩具，经过人家的妙手一拨弄：大狗抱小猪，小鸭子排着队，爱心抱枕放中间，阿迪的手掌小汽车很有秩序地停放在前面，从一楼上来，映入你眼帘的就是这么个其乐融融的小景，充满了可爱的情趣。

本大妈琢磨过："什么是乱？"

我理解的乱就是东西位移到了不该在的位置。那么阿迪和甜妞肯定可以荣膺"年度超级出色搬运工"的头衔（如果有人给评的话）。

客厅里：除了大家的公共地盘，乐高和百乐宝玩具四处都是，很多半成品展览一般地排在地毯上或桌子上，他还不准人收拾，也不准人移动。

沙发下：有时是喜欢，有时是恶意地被藏起来的玩具（一般都是阿迪把甜妞的小动物或芭比扔沙发下面）。

厨房里：餐桌上，操作台上有乱拿乱放的杯子、酸奶盒子、调羹，都"非法"躺在不应该躺的地方。

车上：被偷偷带上车的玩具、巧克力的包装纸，还有N多孩子夹带的小动物，都躺在车里的各个角落。

儿童房：妈妈看不到时，他们自己挑衣服把衣柜翻得一团糟，裤子、袜子和裙子都开了party。

卫生间：兄妹俩都喜欢玩水，洗澡时弄得水花四溅，洗手台那里也经常水渍斑斑。尤其是甜妞喜欢玩牙刷，把大家的牙刷都放一起，让牙刷在水池里"游泳"。俩人还喜欢把毛巾弄湿，美其名曰帮妈妈擦房子、擦地板。

上次到慕尼黑的蓓蓓姐姐家，让我震惊的就是她们家怎么可以

Part 1
Part2
Part3
Part4
Part5
Part6

如此干净！他们家的豆豆是个8岁的小男生，按说也应是乱扔乱丢的年龄吧，但人家的卧室和活动室，一尘不染，看不到乱放的小玩具，也没有乱飞的纸张、书本，连乐高玩具都规整得可以拍广告！蓓蓓打理的客厅和厨房，也是没有丁点杂乱的影子，这就是人和人的差距吧，而且是我消灭不了的差距。最后，我彻底被这破天荒的差距砸晕了……

　　别给我要图要真相，你先告诉我你能容忍家里有多乱？

阿迪甜妞：

　　其实大人都很容易忘掉那些艰难岁月，例如我俩合伙把花盆里的土弄得一地板，打翻牛奶后再涂满一桌子，把沙发当画纸，让小鸽子跑来跑去的直接在地板上出恭……

和昨天相比，今天我俩最起码都明白了要收拾残局，例如知道偷偷地在客厅里吃东西，或者打翻了牛奶快点拿一卷纸去收拾。虽说玩具乱丢了，可是如果老妈勒令不收拾好不准出门，5分钟后我们不也能将那里换了个新天地了吗？

人啊，不要老不知足，还是外公说的有道理，我们是小孩，造反就是我们的硬道理。您哪，以后也别老嚷你们家的小朋友了，我们都是被吓大的，所以不怕您吓唬。

👑 妈妈，跟我们做"同学"吧

作为年轻的父母，我们一般年长孩子20岁到30岁，当孩子牙牙学语或满地乱爬时，我们会蹲下来或者匍匐在地上一起和孩子玩耍。等孩子稍微再大些，例如5~6岁或者8~9岁时，也许，和孩子一起学一样新东西，做他们的"同学"，会有双方都出乎意料的惊喜。

当我们居高临下地指教那个懵懂无知的孩子，或者以前辈的姿态审视着笨手笨脚的小朋友时，双方的情感体验应该说都不会很愉快。但是，如果能有机会和孩子一起学一样新运动或者新技能，把自己和孩子放在"同学或同桌"的位置，双方都会发现彼此立马亲密很多。

孩子会在和妈妈做同学的过程中，真诚热心地帮妈妈进步，耐心地给妈妈表扬，让妈妈觉得孩子不仅懂事，还很温暖甜蜜。

和孩子一起学轮滑。

也是偶尔地，纯粹是自己的好胜心使然，看着摇摇摆摆的儿子开始尝试轮滑鞋，那个不太耐心的教练面带愠色时，我这个孩子妈受到了最原始的心灵审视：为什么我要把自己的宝贝孩子交给那样一个教练呢？为什么我就不能自己教自己的孩子呢？

第二天，我就去给自己买了一双滑轮鞋，然后在网上找视频，看怎么站稳，怎么滑起来，怎么停下来，包括摔跤怎么爬起来……先在草地上熟悉一下笨重的鞋子的感觉，然后在客厅里慢慢尝试着一点点滑，那份胆战心惊，我一直到今天都还记得。但是也就是因为克服了自己的心理障碍，后来，我不仅顺利地学会了轮滑鞋，同时还很轻松地学会了滑雪，然后的然后，和阿迪一起学会了玩滑板。

学习新东西的过程中，因为自己感同身受，知道害怕、知道胆怯、知道慢慢摸索的过程，所以再面对孩子学习时，你那么理解他的发怵，你那么欣喜于他的进步，你也是那么感恩孩子不仅能学会一项新运动，还能很享受整个学习的过程。最重要的是，你和孩子有了真实而鲜活的共同语言。

后来和甜妞学轮滑鞋，我发现甜妞更喜欢哥哥不在现场。因为阿迪学得快滑得也快，对甜妞产生了很大的心理压力。我发现这个小问题后，会在阿迪不在家的时候，带她到后面的小路上去练习。

甜妞每次都要拉着我一起滑。我说我一起滑你摔跤了我就不能救你了，小妞说："妈妈如果我们一起滑，即便摔跤了我也不怕。"

敢情，人家需要的也是同学，而不是所谓的救护员或观众。

我和兄妹两一起玩轮滑鞋好久，每次遇到坡可以滑上去，但是因为怕加速度控制不了，所以从来不敢滑下来。阿迪给我单独做过好几次示范，后来甜妞也鼓励我："妈妈你肯定行的，你不用怕，如果觉得要摔了，就往草地上滑。"

当我终于第一次从坡上成功滑下来时，两个孩子都过来拥抱我说妈妈真的很棒很勇敢。

我们偶尔地示弱或向孩子寻求帮助，一是有利于培养孩子的自信心，二是让大家对学习都有个正确态度：只要肯努力，没有学不会的东西，大人和孩子都一样，学习都会让我们变得更好！

和孩子一起背课文。

相对来讲，德国老师比较尊重孩子的自我认知和选择。例如同一篇课文，老师会允许孩子自己选背诵1到5个段落或者全篇。阿迪基本都是选3段，不太少也不太多。我知道这是阿迪的敏感好强性格决定的，他不会让自己太冒险，但是也不甘心太落后。

那次有一篇和火相想关的文章背诵，阿迪选择背3段，妈妈其实知道全篇对他来讲也不是大挑战，就敦促他背诵全篇。阿迪差点儿急哭了，说如果背不下来全篇然后前面的也忘记了，明天早上老师让背诵时不就抓瞎了吗？

我差点儿扑哧笑出来，还真是一个8岁的小孩子！看来得帮他扭转一下自我认知，要让他稍微学会走出心理舒适区一点。我看着那篇课文说："如果我在3分钟里背会第4段，你也就继续背，如果我没背会，你就不用背。"

阿迪怀着"做实验"的心情监督妈妈背诵，然后他瞪大眼睛发现，我基本读两遍就会背那一个段落了，而且神奇的是他居然也同时会背了！

　　然后娘俩一鼓作气，把第5段和第6段也一起背会了。

　　阿迪哥哥好惊喜，他说我们竟然这么快就搞定了，然后他小心翼翼地通篇背诵了一遍，发现自己会背的那3段还没有忘，小伙子眼睛发光："妈妈，谢谢你陪我一起背课文！"

　　我使劲抱抱他，说："下次你需要，妈妈还可以和你一起背！"

　　（那次，悄悄地"推了孩子一把"，后来再遇到背诵课文，他果然都选择背全篇了！）

和孩子做球伴儿。

　　我开始学习打网球后，发愁找不到一个可以练习的伙伴。那天周五，因为老公开会还没结束，就把兄妹俩也先带到球场。

Part 1

PartZ

Part3

Part4

Part5

Part6

在我和一个阿姨练习时，阿迪哥哥在另一个场地和几个小朋友一起尝试打网球，后来少年组的教练给他单独做了指点并练习了一筐球。

爸爸到时间来接他们俩时，小男生表示还想继续打网球，他愿意陪妈妈训练。爸爸带甜妞出去吃晚饭了，我和阿迪留在球场。我本来和一个教练打球，后来加入两位男士4人双打，阿迪在边上和另外一个小男生也在练球。

真正的惊喜是那个小男生离开后，阿迪来找我时，我们那性格宽厚的教练主动退到场外，让阿迪来接替他的位置。阿迪这次没有客气，和我一前一后打配合，打到后来我已经跑不动了，他反而很积极地去捡球和发球。

爸爸打电话询问情况，我就顺便逃到场外休息，我们那个勇敢的9岁小男生，他一人对抗对面的两位德国男士，我看他打得有模有样，就在另一块场地和教练继续打球。

7点钟练习结束后，阿迪和大家一起整理场地，并用刷子把画线刷干净，把球放好。少年组的教练再次半蹲着告诉他："你打得很好，对球的感觉也很好，今天是一次超级棒的尝试，我们很欢迎你加入我们少年组，希望你下次再来试一次。"

在球场打了3个小时网球，阿迪得到周围人的温柔相待，包括我、教练、陌生的叔叔，都对他的努力给予了足够的表扬和肯定，他从心理上有了一个很愉悦的开始，教练说下次可以提前半小时到场，他单独再教阿迪打半小时，结果这个小男生一上车就嘱咐我把时间记到手机里，说下次他要准时来！

阿迪的信心空前高涨："妈妈我觉得打网球比想象得容易，我愿意和你一起来打球，以后你找不到球友时，我可以当你的小伙伴。

你看，我今天跟两个叔叔对打都没问题呢！"

自从我开始重新打网球，甜妞也开始对网球充满了兴趣，她经常在芭蕾课结束后就和我到球场，我等场地时，她就会拉着我在边上玩儿，结束时还很积极地整理场地。

所以，我想说最好的亲子时光，就是妈妈和孩子一起进步。您说呢？

小贴士：怎样跟孩子做"同学"

1. 爸爸妈妈要软下身段，除了给孩子爱心、耐心，也要有胆量和孩子一起学习和接受挑战。

2. 孩子上兴趣班时，妈妈与其等在外面百无聊赖，不如干脆和孩子一起学习。

3. 很多妈妈和孩子一起学钢琴，孩子学得快、学得好，妈妈要高兴地表扬。反过来，孩子可以辅导妈妈弹钢琴，妈妈应该给孩子足够的信心和尊重。

4. 孩子其实比我们更懂得去帮助"同学"，父母也可以从孩子那里学习很多。

5. 最好的亲子行为，是爸妈的人在，心也在。

6. 和孩子一起成长，可以更好地了解孩子，也可以更多地了解自己。

Part 1

Part2

Part3

Part4

Part5

Part6

👑 让他们自由地涂鸦

因为和兄妹俩一起又拿起画笔画画，微博里也发了一些内容，看到妈妈们关于画画的问题问得比较多，这里再分享下我们的具体情况，不是炫耀，更不是标榜，愿您从中明晰并找到您喜欢的那"一瓢饮"，帮助我们这些做妈妈的去更好地哄孩子开心画画。

学画画很难吗？

我年轻时学英语上外教的课，包括后来的德语课，发现外教们不管字母写得多烂，但是基本都有个挺让中国学生羡慕的特质，就是都会随手在黑板上画画。当说不明白一个单词时，他们就直白地画一下，尤其是画小动物和植物，特别简练传神！

我曾经当过5年老师，说真心话，我除了在黑板上画过时装画，这种随手画的习惯和功力还真的没有。后来在德国带孩子多年，发现这里的孩子，小学生中学生都是，好像都有随手拿张纸随便画点啥的习惯！

在阿迪上到小学三年级的时候，我回头看他的幼儿园和小学经历，渐渐明白了为什么这里的孩子都"会画画"了。这种"会画画"不谈技法，而且也没有任何框架和规律，就是说100个孩子画的小猫可能有100种样子，不是咱们普遍理解的会画儿童画、水墨画、彩笔画、填充画等，而是随手拿笔随地画画，画的内容和题材很广泛。

据说孩子9岁前（也有说11岁前用什么方法都不重要，家长唯

18

一要做的事情就是多鼓励他表达，给孩子提供丰富的画画材料和足够的条件），不要教授孩子任何绘画技法，这时最好就是放任孩子自由地表达。不管他用什么材料、用什么纸张。可以多带孩子看看各种展览，就是让孩子在天马行空地自由创意的间隙打开他的眼界：艺术的、音乐的、运动的、语言的、大自然的……越丰富越好。

当孩子5~6岁时，因为他看得多了，尤其看到的好画多了，会有些沮丧，说"妈妈我不会画很好的狗，我不会画很好的树"，这时可以给孩子一两本画画入门的书，但是不建议说教，也不用按照书上步骤按部就班地去学，随便他画。包括孩子怎么调色用色，都随便他！我们可以表扬他画得很认真，色彩很丰富，唯一不要说的就是"这个画得很像，或者这个画得不像"，永远都不要说！

无论在幼儿园还是小学，德国家长遵循的都是：尊重孩子天性和喜好，给孩子足够的鼓励，保护孩子对画画的兴趣，不拔苗助长，也不施加压力，不要求孩子成为绘画天才，也不怂恿孩子成为画家、艺术家！

阿迪快9岁时，他看到妈妈画了一张雷根斯堡的老石桥和大教堂，他十分地惊异。首先他发现，自己熟悉的石桥和大教堂，原来可以被画成这样，其次就是妈妈竟然可以画这么漂亮、这么多的房子，色彩运用也很丰富。在他的理解里，这些能组合在一起是很难的事情。

但阿迪真正学习画画的契机是我带他去看了我的老师（自己认的），小区里的画家Rudi（鲁迪）的画室。应该说那是阿迪第一次看到专业画室，其实Rudi的画室只是有大量他自己的作品，还不是我们印象中的画室：哪里都是颜料和画笔，地上也一堆一堆的画纸画布，还有很多没完成的画……Rudi是学经济的，他退休后才开始真

Part 1

Part 2

Part 3

Part 4

Part 5

Part 6

正地画画，但是他也是年轻时就喜欢画画而且也学过素描，他的画室超级"德国范儿"：哪儿都干干净净整整齐齐，但是在一个角落里的确有很多很多画笔和颜料，"点睛之笔"的是有两个大画架！

阿迪真的着迷了，差不多一个小时，他一直安静地看啊看，摸啊摸，想啊想。回家路上就问哪里可以找到竹子，他也要去找竹子，自己做一个竹子笔尖，他觉得Rudi的竹子笔尖很酷。

更惊喜的是那天做好作业，阿迪认真地问："妈妈，我也想画更好的树，就像Rudi画的大树，有阳光穿过去的，我觉得很美，你能教我吗？"

我说："我们可以一起学，其实妈妈也不会画森林。"

他又问："妈妈，如果你教我画画，也可以让Nowa（诺瓦）一起学吗？他也很喜欢画画。"

正好那时阿迪9岁生日到了，我送了他一个台式画架和一套笔，小男生拿到后超级惊喜，自己去找了我的一幅画，临摹完成了他人生的第一幅丙烯画：雷根斯堡的桥头堡。

再说说甜妞。小妞也是从小就喜欢自己涂画，而且是比较大气的那种表达，尽管主题比较局限，例如她喜欢画公主或者小动物，但慢慢地她也希望自己画的内容更接近她要表达的对象，也就是她觉得"妈妈你画的马更像马"时，我给了她一本儿童绘画书，她就特别开心，刷刷地拿来一堆纸，可以不动窝地画上半天。

甜妞从小喜欢各种手工，一把剪刀、几张纸、一瓶胶水，她可以自己做很多东西，例如可以做一本书——《蝴蝶的奇遇》（故事型的图画书），或者做一个和自己一样大的纸人，给Jax（贾克斯）做皇冠等等。

从家长的态度来讲，孩子做这些事，我们都应该鼓励，不管她弄脏了地板还是剪坏了衣服，都要记得初衷：孩子开心地成长最重要，必要的投资不能吝啬！

三川玲老师曾经说过"兴趣是最好的敏感期"，学画画更是如此，不要被所谓的孩子错过了学画的敏感期所困扰。只要孩子喜欢，随时可以学，随时可以画，妈妈也可以和孩子一起学，我保证你和孩子都会收获很多惊喜。

比如说，我的婆婆65岁定居葡萄牙时开始画画。她没有学过任何素描和色彩，但她就那么开始去画画了，她用的是水彩纸和水彩颜料。老人家因为没有被任何条条框框所束缚，所以她的画都是怎么想就去怎么画了，没有技法，没有规则，但神奇的是她有敏锐而准确的造型能力，色彩大胆奔放，画风酣畅淋漓。几年下来，老人

Part1

Part2

Part3

Part4

Part5

Part6

家不仅开了好几次画展，每年葡萄牙国家邮政局还都给她出版绘画作品的挂历。

最后说一下要不要带孩子去上画画兴趣班的问题。

阿迪小时候，我们还住在上海。因为邻居家孩子妈妈的推荐，我们去观摩过3次绘画兴趣班。一个是某少年宫的老师带的班级，所学的课程就是我们所熟知的儿童画技法。还有一个是某个小学开设的班级，老师在黑板上挂一只毛毛虫，告诉小朋友脑袋、眼睛和身体是什么样子，然后给孩子发纸笔，小朋友们临摹那只毛毛虫。第三个是貌似需要排队很久才有机会进入的班级，教水墨画，老师示范画一只猫咪，用什么笔、怎么用笔、用什么颜色，都照着老师的范画来，老师还捎带教孩子们学前识字……

其实大家都判断得出来，这三种班级其实都不太适合孩子去学画。我不想得罪任何人，也不是撺掇家长都把孩子放家里，而是说，如果尊重孩子天性发展、保护孩子的想象力和创造力的话，这些兴趣班的授课方式和我们家长的初衷可能都有些背道而驰！

很多家长说给孩子找个兴趣班，最起码孩子可以找到小伙伴一起玩儿，如果是这种目的，建议把孩子送到比较正规的游泳班或者足球队，甚至让孩子去上书法课，都要比这样去上绘画课好！

孩子如果喜欢画画，尤其如果父母觉得孩子有画画天赋，更应该加以科学的保护。10岁前，就让孩子们涂鸦吧，最好是父母和孩子一起涂鸦！

👑 餐桌上也可以造乐园

德国孩子、德国爸爸和德国妈妈，动手能力都很强。

甜妞8岁不到就能自己完整地烤一托盘小蛋糕。从量杯的使用到鸡蛋的打碎，再到各种材料的搅拌，最后装上纸杯并放进烤箱，她都能自己独立完成。

作为她的妈妈，尽管知道她每次都有用心地学习，但是当她能全部独完成时还是有些惊异的。她的妈妈，曾经是结婚时还只会煮泡面和吃食堂为生的厨房技能零基础学员。

回想陪伴甜妞的成长的经历，我觉得甜妞能喜欢厨房，肯自己动手烤蛋糕，和我平时对她的鼓励分不开。

还有很多父母尤其很多男生的父母会觉得：男孩子为什么要喜欢厨房，学什么做饭？男人要修身齐家治国平天下，哪有空在厨房瞎耽误功夫？孩子有时间学点其他什么不好吗？

但是，学会做饭难道就仅仅是要天天做饭吗？学会做饭其实是提高生活质量和更好地照顾自己！

德国父母貌似不稀罕孩子们要有伟大的理想和抱负，他们更务实更脚踏实地。即便是一个男生，将来总是要独立生活，如果连最基本的给自己做个三明治都不会，将来怎么活下去啊？再说，男生多少学习些厨房工作，将来也好和家人一起分担家务啊。不会做饭，只能使自己的生活质量没保证，因为天天在外面吃餐厅不现实，也

不能保证他有一个会做饭的女朋友。所以，不管男生女生，最保险的就是自己从小学会做饭。

　　阿迪和甜妞的学校里会有兴趣课，除了国际象棋、陶艺、吉他，还有创意烹饪课。听阿迪讲，烹饪课很有意思，老师带着大家去超市采购原材料，回来学做三明治、汉堡包、小饼干、特色比萨等，做好就可以自己吃掉，或者拿回教室分给同学，他们都觉得很有意思。

　　其实，只要让孩子爱上厨房，餐桌也会成为孩子们的乐园。

　　很多妈妈觉得厨房好危险，担心孩子磕了碰了或者觉得孩子在现场添乱而耽误自己做家务。我就是活生生的一个例子，从小就被快手快脚的妈妈骂笨手笨脚，并立马被赶出厨房省得碍事，结果就是到现在无论多努力，貌似都燃不起对厨房的热情。

　　妈妈在厨房忙时，孩子如果喜欢待在厨房，我们可以多表扬他，也可以给他点小任务。例如准备晚餐时，甜妞很小时就嚷着可不可以帮妈妈切菜，我从来都是笑着说可以，手把手告诉她怎么才不会切到手。有时候，给她一个小菜板、一把钝刀和一根胡萝卜，让她随便切随便剁。

孩子喜欢和妈妈待在一起，喜欢待在厨房，细想想也是很温暖的生活细节。妈妈真的需要好好珍惜这样的机会，让孩子一直在温暖的感觉里长大……

如果孩子想动手帮忙，无论是不是真的能帮上忙，妈妈都要欣喜有加地说"好"！

我们家每次包饺子，兄妹俩都会很积极地想帮忙擀皮儿或者自己包，不管皮儿擀得多不好，我都会用上，并包出不那么规整的饺子，告诉他们这个是阿迪的饺子，这个是甜妞的饺子。随着参与次数的增多，现在甜妞擀饺子皮的速度已经可以供得上我包饺子了。

小时候他们更喜欢得到一块面团，自己揉捏。他们用面团捏过小动物，或者擀成特别特别大的一张面皮儿，然后把色拉包进去。现在，甜妞胆子已经越来越大了，上次她居然自己熟练地把面粉和水倒进盆里，说要做一个比萨面团。

阿迪貌似一直对厨房的工作不是很感兴趣，但是爸爸发现，他很喜欢各种相对比较新奇的厨房工作。例如爸爸带他做汉堡，爷儿俩从去超市采购到回家准备食材然后做成汉堡包，阿迪忙得热火朝天。那一次他一口气做了4个汉堡包，说爸爸妈妈不用做晚饭了，今天他是大厨。爸爸偶尔也会烤蛋糕，每次都会记得叫上阿迪，让他使用电动打蛋器，告诉他怎么把蛋黄分离出来，以及怎么自己做好喝的香蕉草莓汁。阿迪都很积极地参与。

我们去超市，甜妞经常会问今天能不能烤某种蛋糕，如果我点头，她就会拿着盒子去找到配料，回家后有时候不等妈妈就自己动手了。

阿迪很喜欢创造各种新奇食物，例如土耳其的肉卷，或者比萨饼，他也会按照配方要求在超市里自己配齐原材料，回家后热火朝天地开工。

这时候，我一般只负责把烤箱打开。

关于用刀。记得兄妹俩很小就会熟练使用剪刀，所以安全教育方面应该是根深蒂固了。因为阿迪有跟爸爸一起炸猪排被油溅到胳膊上烫哭的经历，加上孩子秉性里有些谨慎成分，所以说安全意识还是很高的。

当然爸爸妈妈耳提面命地不停嘱咐也时刻萦绕在耳畔！

有一段时间，兄妹俩乐此不疲地研究各种果汁搭配，奇奇怪怪的水果就算了，有时还会加上冰块，或者在冰柜里冻半天。每次看

Part1

Part2

Part3

Part4

Part5

Part6

26

着这色相、味道都很奇怪的饮料，我的确需要点儿勇气说服自己才敢品尝。但是，只要他们敢带头喝，我总是会给足面子也喝一大口表示鼓励。

阿迪有很多新奇想法。有一次，他说可以把一个哈密瓜挖个洞，用搅拌器进去搅拌就能喝到原汁原味的哈密瓜果汁，我也觉得想法貌似科学，就答应他试试看吧，结果一下子果汁溅了一厨房。娘俩正在狼狈不堪地收拾时，爸爸进来了，惊叫不已。

有一次，小男生还严肃认真地去挑选草莓和苹果，并和妹妹说："苹果一定要这种全部红色的，做出来的天鹅才会更好看"，然后回到家用刀子在案板上切，看着他们紧张忙碌但还算有序的工作，我很感慨：觉得昨天他们还包着尿片呢，今天已经会自己动手做苹果天鹅了。

10岁和8岁的孩子居然整出了像模像样的苹果天鹅和草莓玫瑰，说实话，妈妈还是很羡慕他们的。

👑 来一场快乐的长途旅行

Part1

Part2

Part3

Part4

Part5

Part6

在孩子的童年，带他们旅行是一件很重要的事，可以开拓孩子的视野，让他们在旅行中面对一些新的挑战，在我们享受亲子互动的快乐的同时，也留下了许多美好的回忆。

但是，带孩子去旅行也要掌握一些小技巧、小方法，以面对旅行中可能遇到的突发状况。根据2014年我带着阿迪、甜妞开启的一次为期25天、从德国到中国的旅行，我想分享一下几条经验。

一、给他找个旅行伙伴。

我不是显摆我有俩孩子，而是说如果妈妈带两个孩子旅行，其实反而比带一个更省力省心。这个小伙伴的作用太多了：陪聊、陪打嘴仗、陪玩游戏、陪着一起去交新朋友、陪着一起帮妈妈（妈妈买票时，可以指使一个小孩去买瓶水，甚至带一个孩子去厕所时，另一个小伙伴的伟大作用几乎就是无可替代的了）……

从一起旅行的角度来讲，年龄相仿的两个孩子是超级好的搭档，两人兴趣相投，喜欢的活动、话题都很相近。例如在等车时、在火车上、在活动现场，他们俩可以互相做伴，重点是做到不无聊地相伴——说不完的话语，笑不完的内容，打闹不完的你来我往。如果只有一个孩子，那么只能妈妈扮演孩子玩伴的角色，光想想您就知道我在说什么。

家里只有一个孩子的妈妈，可以尝试叫上孩子的一个好朋友一

起旅行，真的会有不同的感觉。孩子和孩子的连接，您和孩子的连接，通过朝夕相处的长短旅行，个中的改变对孩子来讲几乎可算翻天覆地，这和平时我们几个父母带几个孩子一起旅行的感受完全不同。

二、给他们一个私属的旅行箱。（原来我自己也不知道这件事很重要！）

有自己的旅行箱，孩子们可以自己整理衣服和物品。尤其每次更换酒店或城市，小朋友都需要自己收拾自己的东西，除了夏天简单的衣服，更多的是他们自己带的玩具，新购置的玩具，或者新得到的礼物等。

这个箱子可以帮孩子们藏好自己的私房钱：舅舅、外公给的钱，巧取豪夺的小费等，都放自己箱子里。自己有钱，自己可以自主花钱，自己可以有放钱的地方，对小屁孩来讲，很有成就感！

这个箱子让孩子学会统筹空间。舅舅送甜妞一个骑马的帽子，

Part1

Part2

Part3

Part4

Part5

Part6

小妞就发现帽子里可以放小衣服小玩具甚至塞一个小长毛动物，然后再放到箱子里。阿迪把小东西放进小盒子，再把小盒子放进大盒子，然后再放进箱子。书包里，藏放的都是随时可以拿出来玩的小玩具。

这个箱子后来成了一个管理工具，每次接受别人的礼物时，阿迪会说："我的箱子放不下了。"但是，他遇上特别喜欢的，晚上就会央求我："能不能把我的衣服放在妈妈箱子里，我的箱子没地方了。"

还有一个更重要的作用，就是箱子在增加孩子负担的同时提高孩子的责任感。例如每次在火车站或机场上下车时，孩子们首先就是把自己的东西放好并拉好自己的箱子，尤其在人多的火车站，孩子们拖着箱子，目标很明显，而且有箱子拖着后腿儿，他们也不会乱跑。

一直觉得孩子们不在乎的事，其实是家长一直没发现这种"在乎"，旅行时给孩子们一个私属箱子吧，妈妈能发现更多美好的细节！

三、路上继续给他们找新伙伴，两个孩子好做伴，三个孩子就好玩游戏。

一只小狗、一个小女生、一个小男生，只要有新伙伴加入，兄妹俩的日子就会有些不同的精彩。当然也会有吃醋，有推搡，有喊

叫，但是，重点是孩子们拥有了超多的新鲜情感和体验。

四、适当地允许他们买心仪的物品。

一对望远镜：在北京西站，甜妞说她也想要个望远镜，说哥哥有她没有；阿迪也央求再买一个，说可以在火车上看风景。妈妈欣然出资。果然两个孩子不仅在火车上看风景，还在城市里用望远镜看到了很多有趣的事。

水枪：在广州的长隆旅游度假区，孩子们人手一个大水枪，玩了大半天，那份富足的喜悦真的超级值得投资。后来因为乘飞机我们把枪留在了广州，直到回到德国，阿迪还念叨下次回广州去 Elaine（伊莱恩）阿姨家找他的水枪！

五、火车上，奖励孩子们一个冰激凌，带他们玩游戏（他们带 N 多小动物玩具）。

我们最长的一次旅行，坐了6个小时高铁，但是小朋友们没觉得很难熬。高铁上有ipad玩，有冰激凌吃，还可以玩小动物游戏，当然最多的时候是他们俩说话、聊天或者一起看窗外。

六、适当地给他们添置"新宠"。

甜妞念叨了很久要买一个新的滑板车，阿迪也想要一个新滑板。要求合理，买了！而且一路滑到飞机场带回德国，滑板车、滑板成了他们的运动"新宠"，超级值得！

旅途最后在上海的几天，走亲访友也好，去摄影中心也好，包括去看张弛舅舅，兄妹俩都形影不离地带着滑板和滑板车。

七、新的公仔，新的成员。

公仔在孩子们眼睛里就是个新成员，不仅有名字、性别，也是新玩伴，他们会陪公仔玩，给公仔看新鲜事儿、过生日，自己要睡觉时先安顿好公仔。

Part 1

Part2

Part3

Part4

Part5

Part6

最后：带上妈妈的好心情，带上孩子的好心情。

说到底，这个小部队需要妈妈担任组织部长的全职工作。出行也好，作息也好，活动也好，用餐也好，可谓事无巨细都需要妈妈管理到位，哪里有疏漏哪里就会出乱子，两个"部下"并不是两只箱子随便你拎来拎去，相反，他们是两个有特点的孩子，不仅有自己的想法和兴趣，还有不同的意见和思路，所以，只能智取，不可乱来。

25天，娘儿仨天天粘在一起，加上陌生的环境和各种复杂的情况，每天见很多人，说很多话，再有两个孩子上蹿下跳的，妈妈如果太紧张，估计10天就得累趴下了！

我们从一开始就要告诫自己：带孩子旅行，开心最重要，其他的都是其次。

提醒自己不要太紧张，但也不能掉以轻心。

多找帮手，例如大家进餐时，或者在朋友家时，或者有其他朋

友帮忙时，妈妈就可以松口气做到充耳不闻，先迅速放自己的大假。

想明白哪些东西重要：

孩子喜欢的内容，开心的内容，在乎的内容，都是重要的。例如他们喜欢游泳，他们喜欢疯跑打闹，他们很关心那些小鱼、小乌龟……

想清楚哪些不重要：

衣服脏了，脸上都是汗了，没吃蔬菜了，不肯喝汤了，见到生人害羞了，不肯打招呼了，或者忙得没空说再见了……这些都不重要，这些不重要的内容都不应该影响大家的快乐心情。

旅行的真正意义就是大家开心快乐，当然这个大前提是合理的开心快乐。长长25天，兄妹俩也曾经大哭小叫，或者有不美好的事：哥哥惹妹妹生气，妹妹央妈妈仲裁，妈妈训斥哥哥，然后哥哥再100个不开心的样子；也有在拍摄现场妈妈忍无可忍的情况下拍过哥哥一巴掌……生活原本的样子就是酸甜苦辣杂陈，旅行在外，只是生活场景有所改变，但生活内容没有本质区别。

所以，虽然出门在外，尽量保持正常的生活方式，但是提醒自己不要因为"各种陌生的纸老虎"让妈妈和孩子们如临大敌。

轻松心情，轻松装备，带孩子们一起完成一次快乐的旅行吧！

PART 2

妈妈的时间在哪儿，
孩子就在哪儿

♔ 像几米一样为喜欢的孩子画张画

生养孩子，父母真的都实现了"二度童年"——你陪着他牙牙学语，你和他一起读绘本，你蹲下来以他的视野看世界，而且的而且，你和他又一次上了幼儿园、学了ABC……

这中间，作为一个家有俩孩子的妈妈，我个人觉得最珍贵的就是我又能再一次地和孩子一样画画！

能和孩子一样画画，曾经是大画家凡·高后半生孜孜追求的梦想。

我大学时学的是服装设计，当年作为全国统考的艺术生，我学过素描和水粉静物。等到了大学，我一头扎到服装设计的大方向里，学过速写、时装画、服装搭配等。我发现，老师教了很多规则和定理以及时尚潮流，但是等我真正地需要创意时，却发现没有一门课曾教过我怎么创意！

但是的但是，你会发现，创意不是空穴来风，创意是你在掌握了庞杂的内容后，萌生的"源自生活但高于生活"的灵光乍现。也就是说，没有生活，没有学习，你也就不会有创意，或者说你不会表达创意！

如果你留心观察孩子的画，会发现他们不仅能从生活中汲取很多信息，还能从所看的书本里撷取很多有趣的内容，更大的一部分是他们糅合的各种想象。

例如我们家养了金毛狗，甜妞的很多画里都会有一只大狗狗。

她看了很多独角兽的书，她的画里也会有很多独角兽、森林、仙女等。但她的想象在生活和书本的基础上，会进一步地被演绎：她在复活节画了一只迷路的小狮子，她还自写自画了一本小书——《风筝的旅行》，在小书中她遇到的好朋友不仅有她熟悉的小动物，还有带着笑脸的大树！

每个妈妈也都能有这样的潜力或表达能力。只是，我们从来不知道。

我大学毕业后在北京工作时，一个朋友家10岁的女儿说："您学的服装设计啊！那给我们画一张时装效果图吧！"说着，她就拿来一张A4纸和几只彩色铅笔。突然间，我竟然觉得比毕业答辩时还紧张：我还没用彩色铅笔画过时装画啊！我是该给她画个长腿模特还是画个小姑娘？还有啊，我也没画过小姑娘啊！记得亲爱的兰州老师（我学画的启蒙老师）说过，有一年大学放暑假回家，他邻居家一个小光头孩子拿了半张纸和半截铅笔说："请给我画只大公鸡！"他当时也急出了一头汗："没学过画公鸡啊！"

估计很多学画的人都有类似经历，但比较有意思的一个现象是，我遇到的几乎所有的外教，不管教英文的，教德语的，几乎都有一手信手涂鸦创作的本领。哪个单词说不明白了，他们随手拿笔画出来。

但是，我这个专门学过时装画的人，却从来不会随手画只猫咪，画只小白兔。当阿迪上小学三年级，甜妞上小学一年级的时候，我又发现原来德国的老师都是会随手画画的。甜妞喜欢小马，那时她的学校纪念册上留言旁，就都有几个老师给她画的小马。

我没有跑题，我想说：我们尽管只是个妈妈，但是我们其实也具备这种潜能，只要稍加学习，也可以自由地用画笔创造美好的画面！

之前，我很偶尔地在博客里发过给甜妞画的大头像，当潮水般

文中画的阿迪和甜妞，真真大爱！

的好评涌过来时，我才知道："啊哦，原来姐只拿出那称不上画的画，落在大家眼里，竟然被认为如此有才呢！"

任何鼓励都会带来更大的能量，所以后来大家能发现我画的小画越来越多了。感谢我生养了两个孩子，不然，也许我这个从服装领域成功逃脱的人，估计再也不会摸画笔了。现在很流行的提法是"育儿不如育己"，我个人想说，"应该先育己，再育儿"。

孩子的第一个老师是妈妈，孩子最亲密的人也是妈妈，妈妈的阳光明媚或者老气横秋，也会深深刻在孩子的脸上、心上……

工作着的妈妈是美丽的，学习着的妈妈是美丽的，进步着的妈妈更应是美丽的！让自己进步，带着孩子进步，写写字，画画画，就是最好的亲子时光，您说呢？

大概在2015年，一个妈妈给我推荐了画小像的文中的微博链接，我熬夜到凌晨把他画的图翻了一遍。不得不说，他画的每一个孩子，都那么的温暖灵动、清新传神，更难得的是他画那么多孩子，但是没有熟手的匠气和行活儿的潦草，看得出每幅作品都很用心、很花时间！

随着对文中了解的增多，知道他不仅细致沉稳，还很纯粹。他说："画画的水平取决于你的天赋以及你的画稿叠起来的厚度。"我请文中为甜心和阿迪画了几幅小像。

于是关于为孩子画画，我们有了更多的对话。

文中分享：画画是件幸福的事，画孩子尤甚

我：你是怎么从学习绘画到工作到最后成为儿童水彩头像画师的？

文中：父亲曾是画匠、油漆工，他画过的一些山水油彩画一直挂在老家的堂屋，从小耳濡目染的我自然喜欢上了画画。儿时的我喜欢拿烧柴后的木炭条涂涂画画，小学时看见书本文具上的图案都会主动摹画，初中加入了校内美术小组，有过在课堂上画老师肖像被逮到的经历，高中进入美术专业班，画画得过全国性的奖项，高三去了长沙的美术集训学校，浑浑噩噩地复读了三年。大学进入广州美术学院，学的染织设计，打了一些游戏，打了一些酱油。毕业后又回到美术集训学校教了5年画画。正是这5年，开始尝试画一些速写小像，画学生，画同学，画朋友……由于在画班每年有3个月的假期，闲得无聊就想去摆地摊画肖像，可是脸皮薄，难以迈出那一步。就想着先在网上（天涯论坛）免费画画练手。于是就有了

"你爆照我画像"的这个活动，一直持续至今。

一开始男女老少都画，转折点是文怡。2014年4月份，那时我对微博还很陌生，有人告诉我，微博有个文怡，文怡有个儿子叫肉包，你去画他吧。我一看这个名字就觉得亲切，因为我叫文中嘛，于是我就画了小肉包。没想到文怡转发了我的微博，她很感动，跟我说了很多很多，我也很感动，觉得网络很神奇，觉得画小像很神奇，这些小画打动了人心，温暖了人情。就这样一发不可收拾地画小朋友了。

2015年的夏天收到《爸爸去哪儿》官微的邀请画了一系列儿童小像，也让更多人知道了画小像的文中。

我：**为什么你选择了儿童水彩头像，而不是美少女或者其他创作？**

文中：应该是因为我更喜欢并且擅长画小朋友吧。一方面，小朋友本身可爱，大家都会觉得小朋友好看，这是人性的柔软使然；另一方面，我觉得是我有远低于同龄人的情商，就是个老男孩，很多接触我的人都会说我幼稚，我曾为此苦恼，近几年才慢慢地释然并自得其乐了。所以我感觉自己更能敏感地捕捉到小朋友的萌点，而且会很小心翼翼地在作画过程中留住那种感觉。其实画小朋友最容易把年龄画大，你需要敏感地、细心地、温柔地对待这幅画，就像对待你喜欢的孩子一样。

我：**看到过你微博分享过一句话：每一幅完成的作品都舍不得寄走！**

文中：是的，我说过每一幅画都舍不得寄出。但是我想，让他去到最爱他的人手中，也许是最好的归属。反正我也拍了照，可以随时翻出来看嘛。我全职画小像两年多了，画了有上千幅作品。会

Part1

Part2

Part3

Part4

Part5

Part6

有很多印象深刻的顾客。我这人记性很不好，但是我可以说，我记得我画过的每一幅画，以及每一幅画的过程。

我：你画的每一张甜妞感觉都不同，但每一张都特别传神，你是几张一起创作的还是分开画的呢？

文中：我喜欢大侠你这样的约画者，因为你懂我。你记录下了很多孩子的成长的信息，我都可以在你的微博、博客和微信中看到。当我越了解对象，我就可以画得越从容，越有情感。甜妞和阿迪的画，我都是一张画完再画下一张的，而且是从最小的时候画起。那样会有种穿越时空见证他们成长的感觉。

我：父母爱孩子有很多方式，如果妈妈也想学给自己孩子画头像，例如画画零基础的妈妈，我们应该鼓励她从哪里开始呢？

文中：如果从传统学院派绘画的要求来讲，画色彩人像是相对后面阶段的课程，并不适合零基础的人群。应该先学习画素描石膏几何体、素描静物、色彩静物、素描石膏像、素描人头像、色彩人像，加上中间不间断地画速写。画画的水平取决于你的天赋以及你的画稿叠起来的厚度。

其实父母给孩子画画，也不一定就是要用传统的写实画法。画画是多元化的，它也可以很轻松、很写意、很抽象。

而且父母画自己的孩子会有一些其他人都无法比拟的优势，比如了解的程度，比如情感的注入。所以，父母们画孩子，可以画得更好。像几米一样，为喜欢的孩子画张画，也就更有亲子意义了。

养儿育女也需要"大美术"

Part1

Part2

Part3

Part4

Part5

Part6

如果你现在打开了这本书，那么咱们一起说说"大美术"。

看到本文题目，你也许会说："扯什么呀，我从小就缺少美术细胞，我从来没画过一幅画，我也没有美术感觉，难道我就不能养好孩子吗？"

这位妈妈，别急，请听我慢慢说。

先说什么是"大美术"？ 我第一次接触到或者理解了"大美术"概念是通过陈逸飞先生。那次我带摄影师去陈逸飞先生家里采访，他说我今天不仅要给你把"大美术"的概念讲透彻，还要你从这里看得到"大美术"的呈现以及我生活中、工作中无处不在的"大美术"作品！

那貌似是陈先生第一次也是唯一一次让媒体拍摄他的私人住所（而且是有限的，只允许客厅、花房、客房）。我和摄影师李月辉大哥按照陈先生的指点把能拍的都拍了，看看时间近午，谈兴正浓的陈先生说："今天第一次在家里招待媒体，留你们俩和我一起吃中饭吧！"

那次拍摄印象深刻的是陈先生家客厅里那面积巨大的长毛纯白地毯，还有浅白的真皮沙发，当时我还是个女光棍，还有些伪洁癖，第一念头就是这该如何打扫和清洁啊！

陈先生曾在一次发布会上说："我画画、拍电影、设计服装，如今还办起了媒体，有人问究竟该如何称呼我，我说就叫视觉术家吧。"

我个人理解的"大美术",是一个外缘更深远、内容更多"通假"意味的概念。例如做画家、做电影导演、做时尚杂志、给孩子拍照片、给孩子做个蛋糕或者带一群小朋友玩游戏……都需要的那种"大美术"!

一天,我们的老师Andrew说,打一场高尔夫球其实也是画一幅画的时候,我这两个孩子的妈妈突然明白了:养孩子,也要有"大美术"的概念。孩子的成长路上,哪里是"高光",哪里是"亮面",哪里是"明暗交界线",甚至孩子遇到了哪些"阴影",他怎么走出了阶段的困难……

这样一想,恍然间,我感觉育儿路就是一幅清晰生动的大画卷!

那么,怎么遇见自己的"大美术"感觉?

艺术审美、艺术修养、艺术知识,其实是我们每个人活得有声有色的基本要求。养了孩子的妈妈肯定知道,一群小孩子跑到你面前,很快你会发现一两个你特别喜欢的(邻居家的孩子也会有你不喜欢的),回想一下你为什么会喜欢这些孩子?

如果从吸引你的第一眼来说,也许是他穿得很干净,也许仅仅是她的小辫子梳得很好看,甚至就因为他最先给了你一个美好的微笑……原来我们说不上来为什么,现在知道了,这都是因为他符合了你的审美!

我认识的一位美国妈妈秋韵,对此应该最有感悟。

我认识秋韵家的俩娃蛮久了,尤其是她家的妹妹,那敦实大气的样貌和做派跟我们家的甜妞小时候一模一样。我们两个妈妈也在微博常有互动,但是真的被秋韵惊艳到的是她来我这里上了摄影课,大家每周都很期待她的作品!等她来上彩铅课,不成想给了大家更大的惊喜，我甚至生出了为大家举办画展的想法。

所以说，学习不仅让妈妈成长，来自生活的"大美术"还让我们更加强大！

秋韵分享：生活因养娃而精彩

我是两个孩子的妈妈，现居美国，目前暂时在家全职带娃。我家大妞三岁半，二妞一岁半，整天被她俩忙得团团转。很愿意跟大家分享我作为一个妈妈在自我成长和提升道路上的一些感悟。

孩子，这个神奇的小精灵，带给我们的不仅仅是幸福喜悦抑或忙乱烦恼，还有改变和成长。别的先不说，就说兴趣这方面。

生娃前，我对摄影和绘画都没什么热情，养娃后，立马变成举着相机到处追的拍娃党。我还清晰记得第一次在后院晒台门口按照课件拍出了暗背景、主体突出的口袋光时的惊喜和开心，原来高大上的摄影竟如此简单（如果没有大侠帮我捅破窗户纸的话，还不知

道要走多少弯路）。还有那温暖梦幻的夕阳逆光和震撼心灵的剪影，不用太多，把这几种美妙的光攥在手里，把娃拍成杂志上的漂亮小模特不再遥不可及！

　　学摄影还让我对生活、对生命、对美的事物有了更深的理解和感悟。那天正好跟大妞的好朋友柔伊的妈妈约了带孩子们去万圣节主题公园玩。小柔伊是一个被美国家庭收养的中国残疾小孩，只有一条左臂，被亲生父母遗弃，在孤儿院长到一岁半，然后来到新的大家庭，家里还有两个哥哥和两个姐姐，其中一哥一姐也都是来自中国的残疾孩子。养父母及兄弟姐妹对她满满的爱，令这个四五岁的小姑娘性格开朗、活泼独立，小小年纪一只手可以做很多很多事情：穿衣服、系鞋带、拉拉链，画画、骑车、做手工，在游乐场爬上爬下，一点儿不比正常孩子差。平时一起玩时看到她我也没觉得

6.大家一起写满30天，N年后我们可以给孩子讲："当年妈妈曾经和一群妈妈一起练过手写体！"想想就是很美的回忆。

基于同样的认知，我还在妈妈群里发布了篆书课的学习总动员。刚开学，几个德国的同学买不到中国书法练习纸和毛笔，我立马把自己存储的纸、笔分别快递给了几个同学。龙婆在新西兰也买不到纸，她除了央求朋友从国内给她寄纸，还朝思暮想地巡查每一家小店，最后侥幸发现一家，就一口气把人家的存货全买下了。

回头想一下，那三个月，从开始的懵懂无知、束手无策到慢慢地开始能写出像模像样的笔画，并一知半解地懂得了"文和字"的区别，很多同学在临崔子玉座右铭时，都被开头的"崔"字虐得不行的，但汗水从来不会白费。每个人都经历了和自己的对抗和成长的过程，我们笃定地努力并坚信"功不唐捐"。

学习和成长，不仅是我们的初心，也是我们的愿景！

Part1
Part2
Part3
Part4
Part5
Part6

@德国小兄妹

更重要的是，父母专注于自己的学习和成长，就是给孩子最好的榜样！

作为我们家"小师妹"的甜妞，每次看到我写字，都跃跃欲试！

甜妞是个只要她觉得什么事儿有趣，就会积极自己动手尝试的孩子，比阿迪胆子更大。篆书练习要从最基本的横竖开始，那几天，甜妞想起来这事来就会跟妈妈申请"画直线"，我总是欣然应允并给足鼓励。

很感恩，无约地和甜妞相遇这样一段美好的亲子时光。

学习的快乐很让人沉迷，学习中的成长是实实在在的收获！

我想说，一起学习写字的这些妈妈，每一个都是自带光芒的天使。

我认识的一个妈妈，我们都叫她子爱。她不仅有大姐姐般的气度和能量，还是我们的技术总监，尤其网络上有什么问题到她那里都能被轻松搞定。一年多来，看着她越来越光芒四射，我觉得特别感动。

我们都很普通，但是我们又都那么的不凡。这就是一个妈妈的超能量吧！

子爱分享：静以修身，成为儿子和丈夫的小骄傲

曾经给自己的定义是一个工作狂，生子之前包括怀孕期间，加班就是家常便饭。生子之后慢慢变成了无所不会的女超人，做面包、烤蛋糕、玩微博、逛论坛、上淘宝、旅游、摄影……生活一下子变得五彩斑斓、忙碌而充实。

在陪伴孩子的过程中逐渐懂得，要给孩子一碗水首先得有一桶水，所以逼着自己去多学习。大约2015年4月的某一天，有博友转发了大侠的博文《德国是怎样鼓励孩子爱上阅读的》，简直是如获至宝、相见恨晚。

这几年关注美国的华人妈妈比较多，德国的华人博客一直寻找未果，因为听说过德国的教育是那么理想丰满，不确定是否是真实的状态，想通过一个身在德国的华人日常记录来做准确的了解，这下总算有了机会。

顺藤摸瓜地找到了大侠、阿迪和甜妞的世界。阿迪的科普爱好和我儿子如出一辙，甜妞的甜美可爱又让我垂涎三尺，同时我还被大侠博客里面的绘画所吸引，尤其是一对小兄妹的肖像画，深深地

被老师同学盛赞的篆书作品：守愚藏拙

Part1

Part2

Part3

Part4

Part5

Part6

打动了我。一个妈妈要多么有才、有爱、有心才会有这么精美的画作。还有那些小鸟啊、猫头鹰啊，简单的几笔，又形象、又生动、又可爱。

于是，开始了我跟大侠和妈妈们一同学习的第一堂彩铅手绘课。

因为学了画画，发现原来还有那么漂亮的手写体，从开始的羡慕不已到后来的跃跃欲试到最后的付诸行动，这次学习让我信心大增。然后是篆书学习，让我再一次与更好的自己不期而遇，坚持到最后也写出了漂亮的作品，就像大侠说的自己变成了"自带光芒的天使"。每当心情不好的时候，就可以去练练字、画画，好心情很快便招之即来。

正如我所愿，学习不仅遇到了最好的自己，而且让孩子也学会了如何努力。

当我的手写体学完后，猛然间发现儿子的英文书写漂亮了很多，问他怎么写这么好了，儿子说："因为你英语写得好，我就写好了。"这就是对我这段学习的最大奖赏。

儿子的中文书写这半年也快马加鞭地追赶上来，因为看到妈妈的坚持他也每天坚持练习，慢慢地有模有样，发到同级群里，有妈妈都来问我是不是上了硬笔书法班了，还有妈妈说："你们要不要那么强大！"

练习篆书的日子，每天的努力孩子都看在眼里，也时常带着他听老师给妈妈的点评，知道妈妈经常被表扬，他还无比自豪地告诉老师，妈妈每天在练字写得很好，希望有机会给他们同学分享一下，在他眼里妈妈的形象越来越高大了。

老公看了我们的作品展播，也忍不住给我点评："把自己喜欢的事情继续下去，积极向上，静心"，并转发了这条展播说："向老婆学习如何静以修身"，看到后，我感觉自己是要多骄傲有多骄傲！

这一年遇到"写画时光"、遇到大侠、遇到那么多优秀的妈妈，也遇到了更好的自己，感恩这段时光带给我的一切美好。

👑 爱，让我把你们拍得那么美

Part 1

Part2

Part3

Part4

Part5

Part6

在学习的路上有很多让人心存感恩的瞬间，只要我们得以重新审视和调整，就会一点点地成为自己喜欢的样子。

有一天早上，帮阿迪的乐高作品拍照忙活了半天，下午又在他的央求下给他买了一组乐高的小组件。于是，小家伙问妈妈有什么愿望他可以帮忙实现的。我想了想，发现好久没拍照了，就趁机问他们："可否一起拍照玩儿？"兄妹俩欣然同意。

阿迪是个心思缜密的孩子，那天他不仅自己积极拍照，还热心地撺掇妹妹一起摆Pose（姿势），躺草地上、趴桌子上，都是小男生自己主动给的摆拍动作，不怕脏不怕累。

晚饭后我给他们读了故事，小男生暖心地说："妈妈我今天很开心，而且我觉得自己很幸运有你这个好妈妈！"

我笑他："别拍马屁了。妈妈很骄傲有你和妹妹这么棒的小孩儿。"

他说："妈妈，我说真的，我还觉得很幸运你是我的好朋友，你真的是个好妈妈！"

给孩子拍照，尤其是家长天天给自己孩子拍，模特和场景都有限，但镜头后面的你还能有持久的热情，除了对孩子那浓厚的爱、想留存孩子的美好瞬间，另外估计就是拍到好照片后那份喜悦化成了你心里的阳光了吧！

其实拍到好照片不容易，除了需要潜心学习外，更难的是那个让你爱恨交加的小模特，他会气势汹汹地对着你喊："不要给我拍照！我讨厌拍照！你怎么还拍啊？"

那时，你很可能想动粗骂娘，或者扔了相机，甚至滋生过把这个龇牙咧嘴、不知天高地厚的小祖宗关在门外的歹意……

但是，最终我们依然乐此不疲地和孩子讨价还价，依然热情万丈地和孩子短兵相接地屡屡谈判。我感觉，这不仅是摄影的魅力，还有人类本能的越挫越勇的原始能动性在一直给我们动力。

以前我一直以为给孩子拍照，好的抓拍就是好作品；后来才懂得：和孩子好好沟通，让孩子也参与并和摄影师建立良性连接，才会出来更好的好作品！

这是更高的要求，如果说抓拍只要个人努力就够了，那么沟通，就是团队协作了！

有妈妈说了，我家那小不点儿才刚会爬，扯什么沟通啊？我会说，那也得沟通！

例如让他往你想要的背景里爬，或者让他一面爬一面看看你的镜头，这就是沟通，而且是更高难度的沟通！妈妈们都是沟通能手，何况和这个自己一手带大的孩子沟通。只要用心，没有不可能。

如果是两个孩子在一起，就容易拍到有故事场景的照片，但是两个孩子特容易分心，或者两人正玩得热火朝天，或者跑得不着边际，如果光线和场景有限，再碰上孩子不配合，也是很让人抓狂的事情。

阿迪比较大，通常比较好沟通，我经常让他做"小领导"，管理一下甜妞，也是一个很不错的方法。或者让甜妞偶尔也做做公主，阿迪都必须听她的。或者随便让俩孩子设计动作，但我得给出一定的原则，例如不准跑开，例如可以扮演两个机器人，例如两人假装要说个我不能听的秘密等。

当然也可以借助些道具，例如两人都骑自行车，或者一起蹲在路边玩儿，或者每人拿个长毛玩具等；还可以多设计一些故事场景，例如妹妹是哥哥的小猫咪，或者两人扮两只小狗狗，或者两人假装在森林里迷路了、要去旅行或在海边，等等。

妈妈随便发挥创意，只要孩子喜欢就行。

俩孩子关系比较"铁"时，例如两人互相声明是对方的好朋友时，妈妈可以提议："那就给世界上最好的两个好朋友拍一组照片吧！"

拍照也要随缘，拍到好片妈妈要高兴，拍不到好片就留到下次再拍。孩子合作了要开心，孩子不顾拍照玩他们自己的，也不要太抓狂，毕竟养孩子是正业，拍照是副业，要时刻提醒自己不能主次颠倒。

拍照会给妈妈和孩子带来了很多进步。

例如，小孩子能更清晰地听懂摄影师的意图，懂得小孩子也得有合作态度和意识，小孩子也得有责任感，和妈妈一起想主意，出主意，拓展想象空间，培养角色意识，懂得团队合作，提高审美能力，锻炼思考能力，等等。

一个妈妈说，摄影让我更爱我的家人了。从来没有这么认真地观察过我渐渐变老的父母和老公令人心动的笑脸，还有我的孩子，她是那么的甜蜜和善解人意。

一个妈妈说，摄影让我更注意周围的小幸福了。原来家门口种的小花那么美，原来傍晚的夕阳这么美，原来我天天吃的一碗白米饭可以这么让人心存感恩……

一个妈妈说，那天两个孩子到了海边只是贪玩儿，看着夕阳一点点沉入海平面，自己并未完成拍摄，但是我没有冲孩子发火，反而很高兴。

我还认识一个妈妈，Joy。

她是我在养儿育女的这些年里遇到的一个心灵导师，我和生活在加拿大的她，如何相识相遇，可以写出很多很多文字。

她年轻美丽，富有学识，她有强大的感召力和影响力，她不仅教授摄影，还通过分享她的内心光芒引领大家前进！

Joy当妈妈以后积聚了更大的能量，她设计并管理着更专业的摄影网站，她的摄影课堂持续地聚集着很多人，她淡定、祥和、美好，同时也温婉、坚定而恢宏！关于育儿和摄影，她的感受更加细腻而美好。

Joy 分享：和孩子一起，就是力所能及和不容错过的陪伴

如果说儿童摄影是生活让我在挥洒无限快乐和创意的话，那么生养孩子，则是让我时刻在享受作为一个妈妈的美好和圆满！

如果生活一定要排位，我更愿意让孩子看到的是他的爸爸妈妈彼此相爱，然后用"坚固的爱"来爱他。

生活里有了种子以后，我们坚信，父母对他话语上的祝福，可以带给他生命非常正面的力量和影响。他非常喜欢观察和聆听，也很能洞察周围人的情绪。可能因为从小就生活在大家庭里，所以他非常开朗、友好、爱笑。

Part1

Part2

Part3

Part4

Part5

Part6

JOY CHEN PHOTOGRAPHY

妈妈镜头里的种子

感谢美好的种子，他开启了我另一扇摄影的心门！

因为一切和我想象中的相反。有了种子后，我拿起相机的次数非常少，甚至连手机拍摄的机会也非常少。这一点我还在思考为什么。也许是因为每天能看到他的真人，觉得看着他，抱着他，更加真实；也许是因为懒惰，感觉有一点儿时间就想做一些其他事情来放松。其实在种子身上，我很少去想摄影这件事，甚至是想把摄影放下一段时间，这样或许能在生活中发现不一样的美。

陪伴真的非常非常重要，尤其是有质量的陪伴。这一点我正在努力，不是拿着手机陪伴，不是边工作边陪伴，而是把陪伴的这段时间完全给种子。其实从这点，我可以看出我需要改正的地方，也是要面对自己自私的地方。不是把他放在我的父母身边，我去做我的事就好，而是真的要去了解这个小孩子对我们的需要，然后满足他，让他有安全感，有被爱的感觉。

PART 2 妈妈的时间在哪儿，孩子就在哪儿

63

👑 最美不过 "写画时光"

Part 1

Part2

Part3

Part4

Part5

Part6

孩子感兴趣的彩绘内容是什么？抓妈妈眼球的彩绘内容是什么？

如果我说是小动物您肯定也赞同吧！如果我说是"Baby 小动物"，您是不是光想想就觉得美好了呢？

是的，我们就是要学习怎么用彩铅手绘这些"Baby 小动物"。

"彩铅手绘"，大家在网络上搜索一下，应该能看到很多花卉写生、动物写生、人物写生的彩绘课，但是肯定没有一门课是教大家怎么做彩铅手绘创意的。允许我再拽一次吧！如果说德语书法手写体是我们开创的一个先河的话，那么彩铅手绘"Baby 小动物"将会是另一个全新的创新。

光学会临摹作品不是目的，真正的目的是让妈妈在学会这些Baby 小动物彩绘后，能举一反三，触类旁通，自主创意更多的Baby 小动物作品。

学会彩绘、创意这些Baby 小动物，能改变我们的生活吗？答案是肯定的！

1.可以作为最好的亲子时光，创作出最好的亲子作品。

2.可以将作品装裱起来挂在儿童房或客厅，美化整个房子。

3.可以和孩子一起画一本画册，或者创作原创绘本。

4.可以将作品打印在 T 恤上，水杯上，或者家庭年度相册封面。

5.可以将作品当礼物送给你的孩子、家人和朋友。

6.可以调动我们和孩子更积极的创作热情，说不定很多人会排队买呢！

7.创作的过程中，能给自己切实美好的任务，收获美满的能量和幸福。

8.我知道你会从此有更多改变，就从今天开始。

一起学习彩铅手绘的妈妈们，创作了很多奇迹般的作品，有几个妈妈每次都会被大家超级惦记，因为都好想一睹她们精彩纷呈的大作。

比如猫猫。

猫猫是嫁到浙江嘉兴的川妹子，自己开个小店，平时也很喜欢画画，希望经过学习能用手中的笔，画出她看到的美好。

猫猫的儿子6岁，自从妈妈开始学画，他每次都和妈妈一起画。我只要想象她们母子共同探讨、共同进步的场景就特别感慨：这是多么美好的亲子时光，对妈妈对孩子来讲都应该是生命里温暖而美好的记忆！

猫猫分享：用心的作品会说话

每周画画，我都会建议儿子跟我一起画。那次他画月亮的时候，拿着画问我："妈妈，你知道为什么月亮外面也有颜色吗？"

"为什么？"

"因为这是月亮的光啊！"

"对啊！月亮是有光的，外面的一圈应该是淡颜色的。"

这样最终成就了那幅大家都觉得很美的画。当然这幅画还有好些缺点：兔子的头部，热气球的里面等等还没有水溶。我不敢，因为我怕溶了后毁了这幅画。

比如芊芊。

芊芊是我们妈妈帮的"明星学霸"。一年多的时间里，芊芊先后参加了我们从德语手写体到彩铅到水彩到摄影到书法班的各种精进课的学习，每一次她都稳稳地当了学霸。

芊芊不仅自己学得好，最珍贵的是她性情里，有乐于分享和帮助他人的金钻品质。每个班级芊芊都能以大师姐的专业和敬业给妈妈们很多耐心、爱心的指点和帮助，每个人都能感受到小小的她，却颇具恢宏的能量和气场。

芊芊分享：为孩子的成长提供最大的自由

自从有了儿子小一，我一直有些许紧迫感：怕自己没有足够水平能和孩子互动时，他就迫不及待地长大了！

芊芊给儿子"小一"拍的"大片"

Part1

Part2

Part3

Part4

Part5

Part6

学画期间，促成我不断提高自我要求和兴趣的，有小一对我的画的态度。当时我画一幅就往墙上钉一幅，那会儿小一刚会爬。每天早上起来，都要爬进爬出巡视一番，看看墙上是否有新画。尤其是画猫头鹰时，有一幅因为悬挂空间不够，我将其半藏于门后，但这也没逃过小家伙的眼睛，他特意钻到门后去看，指着猫头鹰兴奋地直嚷嚷。

有一日，收了一幅书法老师的作品，实在是没有地方挂了，我将原先画的小一和外公合奏音乐的创意画换到了书房，将地方留给老师的书法，结果小家伙每次看到，都会指着说："猫、猫，换、换。"看来我的画对小孩子的吸引力竟然超过价值不菲的书法作品，内心的愉快冲刷走了所有学画时的不易。

这就是半掩门后被小一发现的猫头鹰

另外，小一也是很早就拿起画笔的孩子，也是很早就会画圆的小朋友，邻居们看我秀小家伙的大作，会前来咨询如何让孩子开始动笔画画。

刚开始时，我既没有教他如何拿笔，也没有要求他画画，只是我在画，他在看，看着看着，便主动过来拿只笔，一起画；再后来，就是他在画，我给他拍照，他需要我时，我加入一起画。

对小一，只要是他的成长中的必经之路，我们尽可能给他提供最大的方便和自由。

Part1

Part2

Part3

Part4

Part5

Part6

68

👑 所有美好都来自优质的陪伴

当得知闻达爸爸也要上课学彩铅画时，我极力地给予鼓励加糖衣炮弹。

一是我们画画班也好书法班也好，爸爸极度稀缺；二是知道闻达爸爸是很多爸爸的榜样，他不但关注孩子的成长，而且用的是以身作则、潜移默化地和孩子一起成长的科学育儿方法。

这不仅和我们"写画时光"的初衷一致，还和我们大家为之努力的目标一致！大家的美好相遇，不仅是为了孩子，也是为了我们自己。

闻达老爸是上班族群中的一个，闻达老妈则在百里之外的县城工作，每天早出晚归，两头不见太阳。因此，家庭自然明确分工，自2009年儿子闻达（Wonder）出生之后，特别是他升入幼儿园之后，很长的时间里，陪护儿子的任务基本由闻达老爸完成。每天骑行穿过繁华或者冷清，目送云卷云舒。

这背后是一个充满爱心、童心的父亲，牵着儿子的小手一起成长的故事。在重点讲述妈妈的成长故事时，我希望能够将一位爸爸的心路历程，作为给大家的重磅分享推出。

闻达爸爸分享：不为别的，只为和孩子一起成长

曾经，在陪伴儿子成长的过程中，我坚持用文字、图片、视频，

点点滴滴记录着孩子的成长：看他迈开稚嫩的双脚，去丈量幼儿园的台阶；看他翻看一篇故事，口水浸湿书本；看他跟同学、伙伴搭起巨型的积木，一起低头观察脚下的蚂蚁、树上的虫子……

我没有被孩子的哭闹、琐碎纠缠得头痛，反而于这些天籁之下，经常听到花开的声音。我很享受那种与孩子共同成长的感觉。

2015年，儿子正式升入小学，从此开始了更加忙碌的接送任务，中午也要接回家，忙着做午餐。因此，陪孩子的时间越来越多。在共处的时间里，我渐渐认识到，我不是儿子的爸爸，我是儿子的朋友、同路人、同学，我可以跟儿子一起成长……

为此，我开通育儿博客、创办微信公众号，与兴趣相投的专家、朋友交流、分享育儿心得；动手制作的学习卡片、电子书，跟朋友分享学习资料；录制微电影，发掘孩子的长处，总结孩子阶段性成长；发起"城市英雄"生存挑战活动，带孩子一起疯狂成长；为孩子做班级文化坚守，担任他们的校外辅导员，把课堂文化交由老师，把社会教育交由家长，带孩子参加各项社会实践活动。

孩子的成长就在这么几年，因此，我万分珍惜，极力地把握住亲子共处的美好时光。不为别的，只为与孩子共同成长。

有人说，梦想是人心底最深处的一种渴望，它与生俱来，永不熄灭。所以，我们会在某个时候，将头脑中挥之不去的世界、倏忽即逝的瞬间、无法言说的美好描绘出来。

于是，我决定学画画，重新捡拾遗落的珠贝。

来自五湖四海、世界各地的网友聚到这个小群落里，熟悉着彼此的陌生，交换着陌生的熟悉。

授业老师是来自德国的大侠，同学有来自美国的菜头豆花、安妈，湖北的曹思，湖南的Echo、阿丹，江苏的逍遥、沫沫，浙江的天天，重庆的红酒，甘肃的大公，广东深圳的兰，广西的VIVI，北京的球球、笑兮兮，魔都上海的小野猫、平平、曾子金，江西的幸钰儿，山东的水，以及同城的芳芳等，加上班长、班副、上届学姐，我们在这个小小的群聚里每天都其乐融融。

这个小圈子有其独特的文化特征，主要有二：一曰为某人而来，二曰价值吸引。我们为了大侠而来的，为了育儿而来的。为了"写画时光"而来的同学们有时为大侠的点评而兴奋不已，有时被笑声而传染，有时为一幅惊艳的画而拍案点赞。

真正进了小群才知道，40余人的彩铅写画班，竟然只有我一个男生。突然有了种贾宝玉再世的感觉，我被大家叫成"班树""班草"。

欣喜之余，冷静认真地思考一下，这种现象其实很是无奈，甚至有些令人惶恐。奔着大侠而来的基本都是为了更好、更科学地育儿，所以，成员几乎是清一色的妈妈及准妈妈，男主很少，真正沉下心来陪伴孩子成长的爸爸就更少了，这已经成为一种社会病。

西方的实证研究表明，父亲参与养育的孩子，其总体智力水平比母亲单独养育的孩子更高，在社会上取得的总体成就也更高。甚至，有专家呼吁我国在立法和制度设置上打破男女角色分工界限，为父亲参与育儿提供保障，比如增加"男性带薪育儿假"，借鉴西方国家的福利制度模式，设立"父母假"，男性员工能以照顾子女、参加亲子活动等理由请假，履行做父亲的职责；专家还呼吁国内企业实行弹性工作制，给父亲参与家庭事务提供更多的空间。

新生代下，我们应该学会反思，育儿不是妈妈的全部，爸爸们要顺应历史的演进积极主动地参与进来。

作为一个山东大汉，摒弃传统认知的"严父"形象，投入到育儿中来，被冠以"好爸爸"的名声，被描述为细心、耐心的人，是荣耀吗？是另类吗？其实，它原本应该成为一种正常的文化现象。好吧，我愿成为彩铅班里的一棵小草，成长、成功之后，带动更多的小草。

不为别的，只为呼吁"父教"回归。

我们的写画班，基本都是夜间上课、做作业，深夜谋划，不少人都成了"夜猫子"。有一次画猫头鹰的创意课，我突然联想到我们的写画课，于是就创作了《小夜曲》送给"写画时光"班的"夜猫子"们：月朗星稀下，老师在授课，有人在认真听讲，有人在半睡半醒，有人在饥饿加餐，不一而足。不过，我们每个人从心里感怀这段欢乐时光，能够让我们像个孩子一样投入，天南海北的一群人，分享这静谧、温馨的小夜曲。

每一幅作品虽然未被标识创作背景，但背后都有付出。作为成年人，虚度二三十年，重拾画笔已觉沉重如椽；身受养儿育女、柴米油盐、贸易、授业、研发还要忍受严苛老板等苦恼，委实不易。许多同学都是偷得时光，在处理完工作、家庭、孩子诸项事情后，拖着沉重的身子，剪一段静深月夜，涂抹绘就一番。我们似个孩子，行在路上，欢欣雀跃。

绘画，让我们体验更多寻常生活场景里的非同一般，绘画和育儿一样，都让我们在张开眼睛打开心门的同时更新观念，带着孩子一起成长，带着孩子一起前行。期待有更多的爸爸们能多关注一下那个几乎可以携肩的孩子，给他更多微笑，给他更多温暖，也给他更多信念和能量！

Part 3

心灵小旅行：
如何跟孩子保持最亲密的距离

一定要记得：孩子是孩子，你是你！

👑 儿大不由娘，要会帮他"找死党"

我个人深有体会，当孩子刚开始打开认知世界的大门，尤其对和他人如何相处还懵懂无知时，很需要父母及时地指导和心理疏通。

如果我们对孩子的求助无动于衷，或者错过这个热切的敏感期，下次孩子可能会选择退缩和闭嘴，这对孩子健康性格的培养以及亲子关系的融洽来讲，都会有负面的影响。

当孩子合群后，就会开始建立自己的小圈子，他会本能地选择那些"互相喜欢"的人做好朋友或铁哥们儿。这种互相喜欢没有规律可循，但孩子却能清晰地感知到"我喜欢谁，谁喜欢我，谁和我是互相喜欢！"

那天和Henrik（亨瑞克）的妈妈聊起来，她说她发现了一个有趣的现象：阿迪他们班级的小男生都是三个三个一小伙的，谁谁谁是一伙，然后提到Stefan（斯特凡）、Darius和阿迪是一伙的，她们家的Henrik和谁谁是一伙。我不得不说，她观察和总结得超级准确。

其实孩子们之间互相的喜欢很容易识别，他们的老师也提到过，如果需要孩子们认真听讲时，就得把这些小朋友分开，不然他们会一直交头接耳或小动作不断。

掌握了阿迪的死党名单，我要做的事情就是放学后促成这些死党的互访。德国从幼儿园到高中，基本都是半天课，下午两点后孩子基本就都回家了，长长的下午，父母就得负责给孩子找"节目"。

阿迪最先走动的小朋友是Darius。除了两个小朋友很要好外，双方的父母也要互相对上眼才行。传统的德国人比较内敛和保守，包括与人交往，都是慢热型，但Darius的父母很亲切，记得那时我连德语还不会讲，Darius的爸爸就用英语打招呼。后来两家熟了，多的时候，一周有三个下午孩子们都在一起玩。

Stefan是阿迪最崇拜的朋友，比阿迪大一些，加上他有个12岁的哥哥，"腔调"和玩具都是阿迪极其仰视的。那次五月节在幼儿园拍照，Tumee阿姨发现Stefan一直罩着阿迪，他像个黑社会老大一样指挥那群小子，但每次都说："阿迪你到我这里来。"这小男生真的太有"腔调"了。他在幼儿园时就是个小小的捣蛋分子，阿迪说他被老师罚站在角落时，也哭呢。阿迪说自己也站过一次角落，不过没有哭。

Toran（托兰）和阿迪的互访是Toran的爸爸先提出来的。他说Toran在家里张开闭口都是Adrian（阿德里安），所以邀请阿迪去他们家玩儿。小男生爽快地去了，回来后就问："什么时候请Toran到

Part1 Part2 Part3 Part4 Part5 Part6

我们家来玩啊？"

孩子们的互访大原则是一来一往。孩子还小的时候，来了小伙伴，我总是得专心陪着，加上甜妞的吃醋，基本就是要不停地协调他们的关系，给他们找玩具，吃些水果、点心，嘱咐他们在花园里玩小心别摔了，等等。

孩子到别人家，相信也一样，人家的父母也担着责任呢。

这样的互访，基本每次两小时，太长了父母的压力比较大，太短了孩子不尽兴。另外我的大原则是别的孩子来我们家时间不限，甚至留下来吃晚饭都没问题。但阿迪和甜妞去别人家，我们都是准时接送，不超过两小时。当然两家人特别熟了，就可以随意些。

我们家里时刻准备有糖果、饼干、冰激凌，孩子去别人家可以带一包小零食；有孩子来家里，吃水果时我给他们分一块巧克力或小熊糖，小家伙们都会很开心。

阿迪和甜妞还超级大方，小朋友离开时俩人都争先恐后地要送别人玩具，有时人家家长不让拿，俩小人还不干，什么小汽车、小马，硬塞到小朋友手里。

阿迪和三个男生互访了一段时间后，我考虑可以帮他将圈子扩大一些，就问他是否愿意邀请 Tom（汤姆）或者 Keven（凯文）。他们的父母也都是我比较喜欢的（我也有自己的直觉，有些父母可以走动，有些父母最好不要去接触。本来这也不是任务，最好是以大家互相喜欢为前提哈），阿迪点头说"好"后，我就可以打电话约了。

孩子熟悉后，像阿迪和 Darius，每次都是他们俩自己打电话，自己说好时间，父母只要充当司机接送一下即可。不太熟的，还是得妈妈出马。

甜妞在"羡慕嫉妒恨"了哥哥的数月互访后，终于也自己提要

Part 1

Part 2

Part 3

Part 4

Part 5

Part 6

求了："妈妈，我想去Luisa（路易莎）家，我想请Johanna（约翰娜）到我们家。"

"好的，宝贝，等的就是你自己提要求。"

甜妞先约了Luisa，一周后又约了Johanna。

在帮孩子约玩伴的过程中，我也有些小心得：其实德国人并不是看似的那么难打交道。平时接送孩子时碰到了，大家都会礼貌地互相打招呼。当你能先抛出橄榄枝，邀请他的孩子来家里玩时，对方往往都表现得很惊喜很乐意，都会根据情况告诉你孩子的安排：例如周三下午他要学游泳，其他时间都可以。

另外，上次义务为阿迪班的孩子们拍照后，他们的父母好像都认识我这个中国妈妈了，包括其他班级孩子的父母，在超市或外面碰到，也都来和我打招呼。阿迪好像也都认识这些孩子，每次他都告诉我那个孩子的名字以及是哪个班级的。

被欢迎的感觉很美好，嗯，我们都要争当被欢迎的人。

孩子们互访后，不管是孩子还是家长，关系都会更亲近些，所以说阿迪是我们的外交部长，通过他，我和其他父母也从原来的仅仅打个招呼，发展到现在大家可以坐下来喝杯咖啡聊聊。我这个外国人，张大眼睛、竖起耳朵，居然也知道了很多原来不知道的内容了。

Darius和阿迪，从认识后就很要好，俩小人儿特别能玩到一起。唯一的小缺点就是两人在Darius家玩，会合伙排斥我们甜妞。不带甜妞玩就算了，还抢占甜妞的玩具。但在我们家，Darius就不会啦。

相比起来，Stefan就比较懂得照顾甜妞，玩的时候也会叫上她。Toran因为只比甜妞大一岁，所以也愿意和甜妞玩儿。讨厌的是阿迪，只要有了"第三者"，他就再也不肯搭理自己的"嫡亲部队"了。

👑 阿迪的战书："我想你当个好妈妈！"

Part1

Part2

Part3

Part4

Part5

Part6

那天，阿迪成了名副其实的肇事者。街边停着的一辆白色欧宝的车门，被他用自行车把划了一下。虽然划得不是很厉害，但有明显的划痕，而且车主按门铃找了我们。

阿迪他们一直在门口的街边骑车，我叮嘱过多次，路边停的车千万小心，不要碰不要撞，但他那天骑着车，回头看妹妹，结果不小心撞上了人家的车门。

陌生的车主是个年轻帅哥，很客气。他有些担心，因为开的是公司里租的车，不知道保险会怎么赔付。我满口应承下来说，保险万一不陪，把账单直接给我们就行了。他腼腆地笑笑，记了我们的电话和地址，开车走了。

再和阿迪说起这事，他说以后会小心的。但马上，这小厮瞪大眼睛问："妈妈，这辆白车为什么停在我们这里？都是他的错，他如果不停这里，我就不会撞上他的车门了！"嘿，臭小子，还真的是比较有脑子，尽管很多时候聪明的不是地方，阿迪的"狡辩"和"谈判"功力日益见长。

当然，他的狡辩和谈判能力也开始运用到爸爸、妈妈身上了。

那次，爸爸出差回来三天，俩孩子天天黏着爸爸，我就当给自己放假了。但就在当天晚上，由于阿迪和妹妹发生冲突，爸爸看到哥哥用脚踢妹妹，所以就象征性地在阿迪屁股上拍了一下，警告他不许对妹妹动粗。

他嗷嗷叫着哭诉，说妹妹先动脚踢的，可爸爸只打他屁股，又甩出貌似倍受冤枉的结论：爸爸不爱他了……

关于这个"你们都不爱我了，你们都不喜欢我了"的陈词，缘于他的申展哥哥在德国时。阿迪明显地感觉到申展哥哥处处照顾小妹妹，但对阿迪却一副处处公事公办的样子，而且觉得妈妈喜欢申展哥哥和妹妹，就不喜欢他。（阿迪真的是太会观察也太会下结论了）

阿迪的要求很多，受到拒绝的机会当然就多。他处处捣蛋挑衅，申展哥哥和我当然要对他施以颜色，最后成了恶性循环。不过，好在知道他是想得到更多关注和温暖拥抱，所以很多时候我们都冷处理了他的出格行为。

　　没想到，他竟然开始学着向妈妈下战书了。当时的情形是这个样子的：

　　那天晚上，我像往常那样给兄妹俩读完书，分别给他们俩抓抓背，并躺在他们身边温和地说说话。突然阿迪很正式地说："妈妈，我想你当个好妈妈！"

　　我吃了一惊，小心地问："你说的好妈妈是什么样子？"

　　阿迪很认真地说："就像你这样的，但是不打小孩儿！"

　　我真的被震惊了，原来本大妈在孩子心目中已经是个爱打小孩的坏妈妈了。我更小心地问："你再想想，妈妈什么时候天天打你了？爸爸回来三天，妈妈哪里打过你一次？"

　　小男生明显是夸大其词，但不肯认错："这三天是爸爸天天打我，你以前是经常打我。"我们夫妻俩都很冤枉啊！最起码我可以给爸爸作证，这个大男人就意思着拍了一下他屁股。

　　这个被夸大的情绪我也不想再纠缠了，就问他："妈妈可以做个好妈妈，以后不打小孩儿，你能做个好小孩儿不打妹妹吗？"小男生被难住了，他知道不打妹妹是不可能完成的任务，但眼珠一转对答："我打妹妹是因为她犯错误了，她不犯错误我就不打她。"这句话我真想原封不动地回击给阿迪。（妈妈每次冒火还不都因为你以强凌弱啊，那么乖的甜妞，你动不动就惹她哭，当妈的怎么可能坐视不管呢？）

　　我最后陈词："妈妈会努力做个好妈妈，你呢，也做个好哥哥，我们一起管理妹妹做个好小孩儿，但你不准打她，妈妈也不打你。"

　　唉，我们一家粗人啊！

　　其实阿迪上次的"总结"已经让我反省：我是不是平时批评得太多了？

当时的场景：

阿迪吃杧果时掉地上一块，小男生立马用餐巾纸拣了起来。妈妈表扬了他并安慰说每个人都会不小心，只要及时地处理就行了。

阿迪问："妈妈你也会掉地上东西吗？"

妈妈说："当然啊，不过我都会及时把地板擦干净！"

阿迪清澈的大眼睛在转："可是，你掉地上爸爸不吵你，但为什么每次我们掉地上你就吵我们呢？"（**我敢打赌我批评的肯定没有不批评的多，但很明显，小朋友记得的是批评的多**。）

阿迪是个思辨能力比较强的小孩儿，申展哥哥也发现，说阿迪特别会坚持不懈地打攻坚战，尤其当我看电脑、打电话或者开车时，对他提出的条件或要求有些心不在焉，就很容易被阿迪钻空子并且揪到小辫子。例如他想要买个玩具，可以在两三天里一直左冲右突地找机会缠着我，那股聒噪的劲儿，那种不得到手誓不罢休的决心，真的是"俩祥林嫂加仨唐僧"了。偏偏我是个心软的"伪大侠"，架不住被他磨叨久了，为了耳根清净，就允了。

后来和老公特意聊过那天阿迪准备睡到大街上的扬言，并告诉了老公最近阿迪的表现和问题症结，老公说这两周里要集中时间多单独和阿迪相处，阿迪需要爸爸的爱以及学习男人处理问题的方式，不能总跟着妈妈和妹妹混。

👑 别着急，都有"当众撒泼"的时候

Part1
Part2
Part3
Part4
Part5
Part6

每个孩子都是"小人儿精"，时时刻刻在和父母"打游击"，而且一直在尝试突破父母制定的规则，所以，孩子的这种特性就决定了"给孩子定规矩，是持久战、攻坚战"！

当孩子想要某件东西的时候，手段之一是"当众撒泼"，发生的场景一般是在超市里、在小朋友家里做客时、有人到自己家里做客时、旅行中、外出用餐时、在公共游乐场……这些场所，因为有外人的介入，尤其是有和父母意见不一致的人的介入，孩子那伺机、侥幸的心理开始抬头，和他们一贯的行事风格就会有些差别。

面对这些情景，父母首先不要怕所谓的丢面子或难堪，让孩子利用这个微妙的机会从而使小伎俩得逞。面子问题并不重要，重要的是得让孩子明白：父母定的规矩不会因为外人而改变。

相对来讲，敦厚的甜妞妹妹迄今还属于"甜妞"类型，也可能是从小跟随哥哥的原因，小妞的性情恬淡、宽厚，和哥哥相比，心里也没有那么多小九九。甜妞随遇而安，喜欢自娱自乐，不在乎别人的眼光，这天赋般的能力是哥哥所欠缺的，也是她的娘所欠缺的，所以，我们都得向甜妞学习。

在这里，我主要谈的是和阿迪的拉锯战。

说到底，阿迪还是我带得多，定规矩也好，讲道理也好，当警察和法官也好，基本都是我出面。说到这里，我要真诚感谢我们的小娟阿姨，她永远的和我站在一起，充当了管理阿迪的助理和代理角色。如果说今天的阿迪相对来讲懂礼貌、懂事、友爱、活泼，小娟阿姨也功不可没。

关于阿迪"撒泼"的经历真是数不胜数。他在很的小时候在地板上尝试过一次打滚，但那次我们谁也没理他；后来他使用尖叫加嘶喊加剧烈咳嗽的手段，因为那段时间有爷爷奶奶在家里护着他，导致了这个小手段他用了很久；后来他居然试图以"我想给妹妹买个玩具"为借口去超市；再后来，我们只得跟他达成了"每到周末买一次玩具，表现不好的话就取消"的交易。

先从玩具这个"老大难"的话题开始说吧！

要玩具，是每个孩子的天性。说实话，这个社会丰富的物质资源也起了推波助澜的作用。阿迪自从迷上了变形金刚，超市和幼儿园成了家里给他定规矩时必须面对的两大"钉子户"。超市里的玩具基本隔几天就有更新，变形金刚隔几天就会上新款，阿迪看到了就挪不动脚，我如果不实施惩前毖后的策略，那肯定每次都有"超市闹剧"上演！幼儿园的小朋友每天可以带一样玩具，这本来是好事情，培养孩子的分享意识。自从阿迪班级里的变形金刚出现后，就成了孩子炫耀和"流口水"的对象。如果阿迪"流着口水"从幼儿园回来，基本上餐桌就会变成我需要绞尽脑汁跟他谈判的战场。

每个孩子的性情都不同，但我相信每个孩子都肯定有一两样他们痴迷的东西（阿迪是从小就喜欢各种小汽车，后来疯狂迷上变形金刚，再大一些后是乐高玩具），只要他们在乎或动心了，那肯定在所难免地开始"耍花样"，软磨硬泡也好，机智斡旋也罢，反正，一定要设法得到。如果父母不想缴械投降，那么就得深吸一口气，和他们过招拆招。（当然，省事的方法也有，可以把孩子的要求一棍子打死或者百依百顺，但那不在我们的讨论范围里。）

我想讨论的前提是：既然拥有的是健康孩子，那么就得以健康的方式去处理问题。

阿迪小朋友的思辨、善辩、狡辩的能力都比较过关，也许是因为我一直和他讲道理的原因，养成了任何事情到他那里他都本能地前后左右立体地去尝试"突破"，乐观来看，是培养了他的思考习惯，但是当我们先说服他很费劲的时候，也令人抓狂。有几次，我真的只能拉出白旗，夹着尾巴逃离和他当面对峙的场面。

但是，阿迪小朋友不管心理因素、舌战技术再强大、再顽固、再难击破，作为管理者的家长，我总得想方设法挫挫他的锐气。

面对孩子的小问题，我觉得各个击破比较好，几天里集中解

决一个，保质保量地完成后再攻坚下一个。这样目标明确，孩子得到的信息也很明晰，便于他清晰而准确地执行。

关于"撒泼"，我给阿迪定的大原则：不准乱发脾气，发脾气了也不准扔东西，更不准用粗话和谩骂表达不满，可以在平复心情后讲述，但不允许哭诉。当然关于这个大原则的制定，我们就斗争了很久。之所以有这么多以上的附加条件，就是因为阿迪试图使用"不正当的发脾气方法"！

要防止孩子当众撒泼，去超市前，就先从思想上预防。

阿迪很小的时候在超市里哭闹过一次，当时是我和爸爸都在现场，我们没有觉得难堪，只是告诉他"不可以。哭喊后更不可以。你可以哭，但得不到你想要的玩具，只有你不哭了，爸妈才有可能和你对话"，等他慢慢平复后，我们再给他一个比较有期待感的理由来转移他的注意力，例如："我们回家吧，等下带你去玩沙子！"

现在我们去超市前，我就要提前声明："只能买一个玩具，其他玩具只能看，如果超市里表现不好，一个玩具也不买，而且加上惩罚，下周买玩具的机会也取消。"每一点信息都要和他确认，而且让他复述并给出保证。

从超市一回来，马上就做"总结"。如果他遵守诺言，就大力表扬，而且要表扬好几遍，然后再转述给阿姨和爸爸听，让他充分感受到遵守诺言的成就感和自豪感。

训练孩子的过程中父母同时也得遵守诺言。

答应孩子的事情，如果他记得，那就得去执行。最近阿迪学会了使用："妈妈你不要骗人哦！"我和他认真讨论过"妈妈到底有没有骗过你"，他虽说不出切实的案例，但我知道，他只是恍惚地觉得妈妈有过什么诺言没兑现过，我也小心地自省，认真地给过他几次惊喜，总算是扭转了他小脑袋里的模糊念头！

阿迪是个"需要理由"的孩子，表扬也好，批评也好，都要清晰地告诉他，不能无缘无故地表扬，不然他就会问："妈妈你为什么说我很棒？"我就必须准确地拿出可信的理由："因为你刚才和陌生的阿姨打招呼了，因为你准时从游乐场回家了，因为你和妹妹分享糖果了……"如果是批评，更得掰开揉碎地讲清楚，结束后让他复述自己的错误和下次应该怎么处理的保证，然后拥抱并吻他，说："妈妈很爱你！"

而这些烦冗的小规矩、小矛盾、小纠结都是在没有外人的情况下完成的，尤其每次外出，把能想到的情景都先打好预防针，如果阿迪真的想当众犯规，我会先告诉他："你答应过妈妈了，你要遵守诺言，你要为你的后果负责。"如果他还一意孤行，例如在小朋友家里不肯离开或要带走喜欢的玩具，我就会告知人家的父母和阿姨："我在给阿迪做规矩，请不要帮他。"基本上多讲两遍道理，阿迪也就听从了。

懂事、懂规矩、懂道理，都要经历从无知到有知的过程，讲礼貌、讲规则、讲道理，也都要经历从无赖到绅士的蜕变，这个过程肯定是漫长和反复的，但父母首先得坚持，尤其在孩子小时候得坚持，等他们慢慢大了，他们的是非观念有了，父母就不用天天说教了。

👑 请接纳他们的成长节奏

曾经纠结过到底该养一个怎样的孩子，我现在慢慢明白了。

不管对家庭还是对社会来讲，一个健康、快乐，懂得正常的人类情感，例如善良、热诚、开朗达观，懂得正常的与人交往方法，例如尊重、礼貌、将心比心，懂得正常地成长自己的过程，例如自强、自省、遵纪守法，就是最好的。至于他学习什么专业，从事什么工作，或者选择什么样的人生道路，都将不再是重要的大问题了。

孩子就像那春天的树苗——日长夜长！他们在父母不经意间慢慢成长，战胜胆怯，克服焦躁，开始用理性去思考问题，一天天地苗壮成长为一个"小大人"，这样的成长节奏让父母惊叹，也让父母欣慰。

有一天快下班时，接到阿迪爸爸的电话："我遇到一个相当棘手的问题，昨天答应阿迪要给他带一个变形金刚回去，但我晚上要和一个客户外出，估计回来后超市都关门了。你能否帮我一个忙，偷偷买一个，然后藏在家，明天早晨起床后我拿给阿迪。你到超市后我们再确认一下颜色和款式。"

我有点儿懒，也怕买错了，推托说："反正你回来他也睡着了，明天你解释一下就行了，说不定他忘记了呢。"

阿迪爸爸赶忙说道："请你无论如何要帮忙，阿迪是不会忘记的，我太了解咱们儿子了，我不能失信于他。"

Part1

Part2

Part3

Part4

Part5

Part6

　　我下班后特意去了超市，在阿迪爸爸的指挥下找到了目标，回家路上，先打电话让阿姨把阿迪引到车库去，然后我把那个硕大的盒子迅速藏到厨房的柜子里。吃了晚饭洗好澡听到阿迪在楼上和妹妹玩，就关了楼下的灯并把盒子拿出来放在厨房的台面上，主要是怕阿迪爸爸早上起来找不到。没想到，给阿迪读完书，他突然自告奋勇地要下楼自己拿水喝，绝对是鬼使神差啊，因为平时他即便要喝水也都是央求我下去帮他的。

　　我欣喜之余拥抱了儿子并表扬他，"宝贝长大了，能自己的事情自己做了"。听他下楼并先打开客厅的灯，然后是厨房的灯，然后，就听到阿迪在尖叫，"妈妈，我的变形金刚！"我的姥姥啊，居然被他发现了。我光脚跑下楼，看到阿迪两眼放光地抱着那个大纸盒子，"妈妈，这是爸爸答应今天给我买的，他还没回来呢，怎么在厨房里呢？"

　　我翻着白眼想计策，"嗯……那个……是爸爸买给你的，不过是妈妈帮忙带回来的，我答应了爸爸，明天早晨他给你打开的，你不能现在打开哦，你先答应妈妈。"以阿迪对变形金刚的狂热，以小孩子的猴急性情，以阿迪对新宠的一贯表现，我觉得我提的要求不但苍白而且无力。

　　但是，阿迪用那难以掩饰的惊喜表情挑高了眉毛，"好的，我不打开，不过我想带他上楼，把他放在我的床头"。我有点儿目瞪口呆，心想："这个小人儿，还真的成熟到能看着到手的玩具而不打开？"心下有点惴惴不安，但是明智的大侠迅速做了让步："好的，你甚至可以抱着睡，只要你答应不打开，等明天早晨让爸爸给你打开。"小人儿勇敢地点点头，水也忘了喝，上楼后又读了一本书，但小人儿明显地心不在焉，两眼放光地盯着那个大盒子，笑眯眯地咽着口水，他的世界里肯定就剩这一个变形金刚了！

等阿迪睡着后，他的娘惊喜不已，这个小不点儿，还真的说到做到啊！说真的，比他的娘还厉害，类似这种情况，即便我自己估计也难忍得了一个晚上的等待呢，但是阿迪小朋友勇敢地做到了。

第二天早上去查房，发现凌晨他又潜到了阿姨的房间，而那个大盒子，超级雷人地跟他一起转移到这个房间的床头柜上，这有点儿耸人听闻啊！

等他起床后我狠狠地表扬了他，而且表扬了三次，妈妈、爸爸、阿姨各自用自己的语言表扬他的勇敢，我们还讲给小妹妹听，小妞也在妈妈的指挥下给阿迪翘了两个大拇指。

阿迪对玩具的克制经历了漫长的"被修正"过程。

从一开始看到玩具而不肯走，到后来知道控制自己每次只买一个；从一开始拿了玩具就拆，到知道得等到付钱后才能打开；从拿到手就迫不及待地打开，到能等到从超市回到家后再打开；从天天吵着要去超市，到懂得每周末才买玩具；从耍赖哭喊要玩具，到知道只有自己表现好才会有奖励玩具；从欣然接受外人的礼物和玩具，到只给爸爸妈妈要钱买玩具；从只顾给自己买玩具，到现在每次挑玩具从不忘记给妹妹带一个芭比娃娃或粉色东西……

一点一点，经历了反复的指导、说理，可喜的是小人儿在成长的同时，渐次学会了管理自己的情绪，尤其是管理自己的购买欲和占有欲，小男生的确有了很大的进步。

7岁的时候，阿迪对三件事几乎一直是狂热的喜欢：看动画片，吃糖，玩陀螺。

圣诞新年放假18天，意想不到的是他差点儿把这"三个热爱"一下子全废了。

刚过完圣诞节，先是甜妞感冒，紧接着阿迪也中招，两天后妈妈居然也跟上了，加上外面天寒地冻，得，娘仨窝家里养病吧！

俩孩子欢呼终于可以窝沙发里看动画片了，但很快甜妞就不要看了，她宁可自己找纸笔画画去。阿迪又坚持了两天，中间穿插着玩陀螺、玩象棋、和思贝柯玩儿等，最后，他自己也终于承认了，"妈妈，我不要看电视了！"

他认真地说："再有几天我可以去上学啊？还是上学有意思，看电视很无聊，玩陀螺也很无聊！"

自己在那里一条条地讲："上学有老师上课，有点心时间，午饭可以和好朋友坐一起，午间托管还能和一群孩子一起玩陀螺。而且，写作业也还行，我喜欢数学，我喜欢写字，读课文我不是那么喜欢，但是，没关系，我已经有很多喜欢的了。"

孩子也渐次明白了：恰到好处的幸福才是真幸福！

前一年的11月万圣节，阿迪和好朋友讨了好多糖。我和甜妞从上海回来后，他拿给我们看并宣布了他的计划，"我和妹妹每天就吃一颗，如果吃多了，妈妈可以没收。"

放学回来阿迪从藏糖袋的地方摸出两颗，自己一颗妹妹一颗。甜妞每次都迫不及待地马上吃掉，但是阿迪多是放在口袋里或桌子上，有时就忘记吃了。

阿迪是个超级尽责的管理员，假日期间，他发现妹妹自己拿了糖，小伙子气凶凶地说："罚你明天没有糖吃！"小甜妞撇着嘴巴准备掉水豆，小男生大眼一瞪，"不可以哭，哭了后天也没糖。"得，甜小妞只能把眼睛里两颗亮晶晶的水豆再收回去。

懂得对糖果的节制和管理，对孩子来讲，也是很大的进步。

阿迪是个比较善于观察的敏感孩子，正面的表扬就不讲了，负面的就是这样的孩子做事很谨慎，他会为了照顾别人的情绪选择合适的话语，但同时他也会很在意别人对他的正面关注。

不管在家里还是在外面用餐，甜妞总喜欢挨着妈妈坐。连着几次后阿迪就会提意见，"我也要和妈妈坐。"有时是方台子，妈妈就说要不咱们仨挤一起坐，但阿迪就会眼圈儿红了，"那样的话爸爸就一个人坐，爸爸会伤心的。"后来的结果就是兄妹俩一起坐，妈妈和

Part1
Part2
Part3
Part4
Part5
Part6

爸爸坐，谁也不嘟囔了。

有一天下午，阿迪收到一个幼儿园小朋友的生日邀请，由于甜妞还在咳嗽，所以准备让阿迪自己去，小男生想了一下，"妹妹也不去，那生日会就都是小小孩，我想我也不要去了！"我说："去吧，可以认识其他新的小朋友，玩玩具，做游戏。"小男生还是摇头，"我不要去，我不想两个小时被一群小小孩儿围着，他们爱哭，还爱打人，我不能还手"。嗯，光听理由貌似是不应该去啊！

阿迪自己给人家打电话，使用的理由是：我妹妹还在生病，我要在家里陪她！（这个理由他想了好几个，他说不能让小朋友的爸爸妈妈伤心，我不能说我不喜欢和小小孩儿玩，也不能说我没有时间，后来就想到用陪妹妹搪塞了。）

第二天是阿迪爸爸的一个好朋友儿子的生日，而且这个小孩也刚来足球队，生日会在孩子们最喜欢的funclub举行。阿迪也是谨慎地推掉了："这个小孩儿我不熟，他邀请的朋友我也都不认识，我不想到funclub一个人玩儿。"我说："你可以认识新朋友啊！"阿迪说："妈妈，新朋友不是一下子就认识的，这个小孩儿我不认识，他的朋友我也不认识，我不想和都不认识的小朋友玩。"

通过推掉这两个生日聚会，我不得不说，阿迪有了自己清晰的判断和逻辑了，作为妈妈，觉得有些可惜，貌似他原本可以认识更多新朋友，但是小人儿不这么想，"我有很多好朋友了，我也会有新朋友，不过我要慢慢认识新朋友。"听他一板一眼地讲话，有些不习惯，不过，本大妈也不纠结了，慢慢来吧。

阿迪就是个慢热的孩子，我想应该允许他按照自己的节奏去成长吧！

回头还是得多看看孩子的优点，阿迪虽然慢热，但他很有逻辑性和影响力，例如他踢了两年足球，带动了其他三个好朋友都进了足球队；他喜欢玩陀螺，现在周围差不多有四五个孩子都在他的影响下开始玩儿，有两个男生还比他高一个年级；在家里阿迪更是妹妹无限敬仰的哥哥，有一天阿迪居然游说妹妹，"你明天穿黑外套，蓝裙子，蓝色长筒袜，很酷的"。粉色控的甜某人竟然兴高采烈地答应，并且开始翻箱倒柜地要找蓝色的长筒袜。

熟悉甜妞的都知道，她平时除了粉色和紫色，男生的蓝色，她原本想想就要皱眉头的。

所以，我想说，孩子会比我们料想之中更快地成长。给他们的最好的爱，是尊重、信任和接纳。

♛ 有些事情孩子可以做主

第一次意识到阿迪有了选择意识，是2010年冬天，他5岁左右。

那次我无意间问道他们俩："等下到超市你们是要个小玩具还是要巧克力？"

甜妞喊巧克力，阿迪哥哥很"老辣"似的来支招，"妹妹，还是买玩具吧，巧克力吃完就没有了，但玩具可以玩很久啊！"

妈妈真的被震惊了，要说哥哥不喜欢吃巧克力就罢了，或者说他喜欢玩具也算了，但是有些惊奇的是人家居然能把道理说得这么明白，只能说小人儿开始思考了，有价值判断了。

后来有意无意地总是给兄妹俩出选择题，例如买玩具时，规定只能买一样。得，当孩子像个米缸里的小耗子一样对每个玩具开始尖叫时，妈妈就提醒一下"只能买一样"，他们就开始艰难地判断和取舍，一般到最后，他们也就拿一样。看他们举棋不定时，或者不可兼得地懊恼时，或者自言自语游说自己时，或者两人互相给对方出谋划策、互当军师时，我只能躲在边上忍住狂笑，佯装一本正经。

除了提醒他们自己选择，还得让他们学会承担自己选择的后果。例如做晚饭时，我让他们选择吃什么，然后叮嘱："妈妈做好晚饭就得好好吃，不能耍赖。"通常让他们选吃什么时，是在比较饿的情况下，你们知道的，那时容易饥不择食哈！

早晨穿衣服，阿迪基本对穿衣没太多要求，选好衣服裤子袜子就行了。甜小妞却比较难伺候，首先要选裙子，然后选上衣，还要选袜子，她倒是愿意为自己的选择承担后果，比如戴着冬天的毛围脖、踩着夏天的七分裤就出门，但是老娘不行啊，怕她这样招摇过市，丢人不说，幼儿园老师又该给我上课了。（插播：幼儿园的老师，真的没少提醒我，例如孩子的运动衣太厚了，或者给他们穿太多了，或者忘记戴手套和帽子了；夏天了，会提醒给孩子带防晒霜，太阳帽。老师每次都很客气，弄得我有些不好意思，好像我是个超级不称职的妈妈。）

　　怎么办呢？我就让她在一定范围内选择，桌子上放好裙子袜子，都是最少两件，色系也都基本一致，这样对甜妞来讲也方便，她总是能在争分夺秒的早晨迅速地找到自己的衣服并穿好。

有些事情他们完全可以做主。

例如帮小朋友选生日礼物，尤其阿迪，参加小朋友的生日，都是自己去选礼物，我只负责付钱。甜妞也是自己选，不过我会帮她做出选择，例如她抱着两匹小马不撒手时……

有时候，我为了节省时间，或者避免没完没了的拉锯战，规定某些时候俩人不准挑选的东西，例如喝水的杯子、吃饭的盘子、吃酸奶的调羹等，之所以硬性规定，是因为兄妹俩经常为了争抢同一杯子，或者某颜色的调羹而大打出手。我多次出马调停后，就制定了杯子、盘子、调羹等吃饭用品不准挑选的条文，他们俩当然抗议，但抗议无效。不过，后来我又通融了一下，偶尔为了鼓励某人或作为奖品时，让他可以优先选择。例如谁最先在餐桌那坐好，谁把饭吃完，谁吃饭没撒在桌子上，谁就可以选杯子，或者选调羹。

这些小游戏妈妈可以常常翻新，总之，哄他们开心地吃饭，而且多吃饭。

多让孩子选择，可以锻炼他们的思考和评判能力。

例如早晨他们选择骑单车去学校，如果时间太紧张或者天气太冷，我会给他们说出不能骑车的理由。第二次想骑单车上学时，他们就会判断时间是否充足，天气条件是否允许，从而避免拉锯战或带着哭腔的谈判。

给孩子选择权，能让他们充分体会选择的成就感和满足感。

例如周末我提议大家去看一家朋友，给他们三个选项，阿迪就会很快说出他的决定并给出理由，如果甜妞有不同意见，阿迪就得负责说服妹妹支持他的选择，例如他会说："妹妹我们去××家里吧，他有很多玩具的，你会很喜欢的！"

阿迪已经能充分体会友情带来的快乐了。那天他放学回来说：

"妈妈，今天我的两个好朋友一直跟着我，我去哪里他们都跟着，后来我让Toran选，'如果你现在不跟着我，下午我就去你家里'。他选了不跟我了，所以下午我就要去他家里了。"

有一天下午阿迪本来和Stefan约好了，结果回到家就接到度假回来的Toran的电话，小男生立马改变主意，"我好久没见Toran了，我想先去他家，然后再去Stefan家"。后来真的一下午成功造访了两个好朋友，他很开心地说："妈妈，今天是我的幸运日！"

甜妞最近也屡屡使用条件句，经常听她和阿迪交涉，"哥哥你选一个，我们骑滑板车还是自行车？"可乐的是她也会向申展哥哥叫板，"你是让我现在玩你的手机，还是回家才可以？如果你让我现在玩你的手机，你就是我最好的朋友！"

学会并使用选择权，能增强孩子的主人翁意识。

适当地让孩子在行动前自己选择，例如他喜欢的衣服、玩具，

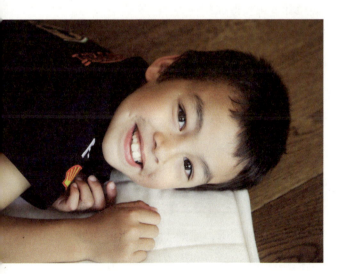

他提出的玩耍场所，他邀请的朋友等，由于是他自己做的决定，他充分地参与其中，就会比较有积极性和能动性，能很好地培养他们的独立意识和独立能力。

孩子在慢慢地长大，学会选择，是他们开始独立人生的关键一步。

👑 不要"耳旁风"就要确当地"提醒"

Part 1
Part2
Part3
Part4
Part5
Part6

与孩子相处久了，家长的角色就被赋予了越来越多的内容，原来管好吃喝拉撒就行了，现在需要更多时间和精力满足各种更高层次的心理要求。

一件事、一个活动，总是发生在一定的时间、地点，总是要涉及一些人物；事情的发生发展过程，总是要有起因、经过、结果这三个阶段。这就是人们常说的事情的"六要素"。孩子的日常行为，尤其是一些比较有借鉴意义的事件，我们只要稍微根据这个"六要素"梳理一下，事情就会变得清晰简单并且容易发现症结所在。

孩子的抗议、抱怨、哭诉、愤怒、行为偏颇，其实也都是来自他的提醒，他提醒家长应该接纳孩子的情绪并找出问题的根源从而改善和修复亲子关系中出现的负面影响。

作为家长，几年下来，我们都更习惯给孩子提醒，不管是职责还是执行都熟谙在胸，相反，耐心细心充满爱心地接纳孩子的提醒的能力相对来讲比较欠缺……

一个比孩子多吃了几十年饭的父母，一个走的桥比孩子走的路还长的父母，一个读书万卷阅人无数的父母，原则上哪怕用小手指头思考也可以当好小屁孩儿的指路明灯、行为导师、精神偶像吧？

事实却相反，我们的提醒很多时候都成了骚扰孩子们的唠叨、抱怨、"耳边风"，而不是针砭实情、对症下药、药到病除的警世醒言！

如果提醒的时机不对（请查阅事情的"六要素"），提醒的方式不对，提醒的语言不妥，也就根本谈不上实现提醒的作用和效果了。提醒过多、过快、过早，或者过少、过迟、过慢，原则上都属于不当。

读到这里您也许已经跳脚了，"哪里来那么多事儿，不就想给儿子提个醒儿嘛，您说，咋才是提醒得不早不晚、不快不慢、不疾不徐的？"

关于提醒的方法。可以给孩子写个小纸条，给老公写封邮件，给你的客户写封手写函……用温润的方式娓娓表述自己的提醒，不仅风度翩翩，还能丝丝入扣地让对方心悦诚服。

针对孩子，请先分析孩子喜欢接受的方式，例如哥哥阿迪，更喜欢表扬而非批评。甜某人，被表扬了很开心，但要纠正她的小问题，必须得让她全程感受一次"撇嘴掉水豆"才会有效果。

关于提醒的时机。当提醒失败尤其是孩子一意孤行、自食后果时，不要使用"看看，我早就提醒过你了，就是不听"的话。这貌似是课后总结，其实很容易让孩子在伤心自责的情况下理解成你在幸灾乐祸，或者最少也是在伤口撒盐的话。建议大家拥抱孩子并微笑着保持沉默，孩子作为当事人，他接受的教训肯定比我们深刻。

根据事情的"六要素"你会发现提醒不仅分时间、地点，还分起因、经过和结果，最重要的还分人。例如跳沙发，刚会走路的孩子跳沙发，刚睡醒，沙发边上有茶几，孩子看到哥哥在跳，不自量力地也要笨笨地跟着跳，结果是一趔趄摔下来碰到茶几了。

关于提醒的作用。提醒可以未雨绸缪、防微杜渐、规避风险和暗礁，发挥出无穷的作用。

从养孩子角度来讲，提醒不仅是给了孩子指导和规劝，即便孩子不采纳，或者不全部采纳，也不用觉得惋惜，因为，只要你的提醒验证了事情的发生、发展和结果，你的孩子因为听过你的提醒，从心理经历来说他已经提前做了些准备，而不是俩眼一抹黑地最后栽个大跟头！

而且孩子都更喜欢验证父母的提醒，例如冒烟的食物是烫的，跳沙发是会摔下来的，和狗狗玩得太疯它会把你弄哭的……这些事情其实不劳提醒，孩子验证一两次后家长就无需伤神了！

按照以上三点，请回忆并自查一下您当时的提醒是否确当。

记得我们当时的工作，先告诉妹妹跳沙发会摔下来，同时搬走了茶几，地上铺上厚毯子，告诉妹妹在安全的沙发区域里跳，我随时准备伸出援手，当她摔到地毯上时马上拥抱她，再次清晰地告诉她：沙发可以跳，但是会摔下来，下次你看着办吧。

关于提高妈妈的提醒能力。多读书、多读人、多借鉴，能融会贯通，能从小事、小现象中找出规律从而合理规避。提醒别人是一种勇气和美德，尤其是善意的、切实的、有效的提醒，是一种正能量。

接受提醒是一种智慧。尤其接受来自孩子的提醒，父母更需要用心些。孩子的情绪、喜好、习惯、活动、为人处世、各种语言表达里面都蕴含着丰富的内容。有些孩子能用直接的方式抗议提醒，还有些孩子会选择默默承受。分析一件事，家长真的需要明察秋毫，无伤大雅的可以"神经大条"地对待，需要抽丝剥茧的地方一定不可以大意。

有个姐姐感慨过，那时刚出国，一心想着经济建设和混出个人样，没有谁提醒你要早生孩子，更没人提醒你最好生两个，现在回头看看孤单的一个孩子，如果当时有这宝贵的提醒，我们的人生可能会邂逅更多的美好。

我养孩子、写博客，其实可以接受很多来自其他父母和孩子的提醒：

　　父母不要把孩子全扔给老人、保姆或者各种兴趣班；

　　父母可以带孩子在家门口享受俯拾皆是的快乐时光；

　　金钱、跑车、大房子都不会让孩子的童年更快乐；

　　孩子真正的幸福是可以尽情享受爸妈肯花时间和他们在一起的美好时光！

👑 阿迪：当妈妈犯了错误

孩子在成长，家长也同样在成长。我们允许孩子犯错，偶尔也得接受自己也会犯错的事实。

从学习的角度来讲，犯错是好事情，意味着纠正错误和总结经验，这些都会成为我们成长的一部分。

不管是你还是孩子，每经历一次从震惊、生气、哭喊到听对方的解释并选择宽容和原谅的过程，都是一次心理上的小旅行，都从一个高度到达了另一个高度。面对这种心灵小旅行，只需拿出真诚面对的态度，那么父母和孩子就能很快地完成一次难忘而正面的心路历程。

德国的幼儿园和小学都是就近入学，但是父母长年累月地也必须要接送，阿迪到小学四年级了，只要不是假期，总是得接送他上下学。

这么多日子里的反复工作，迟到一两次应该在允许范围内。我们也有自己的工作，当然也会有自己的失误，孩子也必须得了解并将心比心，原谅爸妈接送的偶尔迟到。

阿迪是个秩序感很强烈的小孩儿，很有时间观念，不管是上学、踢球、到小朋友家玩儿，都从来不允许迟到！我手头经常有很多事情，所以他在催促我出发的同时，自己穿合适的衣服，还会负责准备并带好自己的东西，例如踢球需要带好足球鞋、护膝、水等。他会看着表，我即便想迟到也没机会。

但是去接他，尽管我会设置手机提醒，但是偶尔还是会因打电话错过了时间，或者和同学聊了几句，发现晚了两分钟，导致接他的时候迟到。

在幼儿园如果家长来晚了，老师不会放孩子出教室，而且老师会罚父母2欧元以示我们给幼儿园管理添加了麻烦。但是小学不一样，小学到点了孩子们就出校门了。家长接晚了，孩子要么在校门口等，要么独自回家。

有一次我接阿迪迟到了，他已经带着一肚子火走了半条街道。尽管我第一句话就是"对不起"并试图解释迟到的原因，小伙子表现出根本不要听的样子并说："同学们都走了，就剩我一个人了！"

我干脆把车停在路边，等他情绪稍微平复些，给他解释了迟到的原因并告诉他："妈妈长年累月地接送你们，请问，每次准时准点地接送，你们表扬过妈妈吗？你们感谢过妈妈每天优秀的工作了吗？你们都没有！你们都视作理所当然，是吗？现在妈妈迟到一次，你这么生气，请问你想过妈妈每次为了保证接你不迟到所做的努力吗？你是不是也应该给妈妈道歉？！"

一根筋的小男生有些发愣。这些他从来还没有思考过呢！

就那次迟到的事儿，我顺便还跟他说清楚了两个原则。

1.如果妈妈接晚了，要在校门口或者游乐角等，不准独立回家或搭同学的车回家。

2.如果妈妈晚了10分钟以上，可以到学校门房给妈妈打电话确认，不准私自离开学校。

经过这次认真谈话，阿迪真的学习了很多。后来有两次接他，也是稍微晚了一点，他不仅没有生气，还安慰妈妈说："没有那么糟糕，我稍微等一下妈妈就好了。"

还有一次是送他去同学家玩儿，因为我要顺路到邮局邮寄一箱东西，他看着时间马上到点了，就气哼哼地说："妈妈你必须先送我去同学家，然后再去邮局。我不要迟到！"

我解释说，先送他就会多绕路，然后送妹妹跳舞就会迟到。他说："箱子可以明天送，但是我不要迟到！"

我说："箱子也必须得今天发走，你去同学家玩，迟到2分钟解释一下就可以了。"

小男生气得哭了，坚持让我先送他。他有自己的时间观念，觉得不能迟到，但是我从统筹角度来讲，先去邮局送箱子，然后送他去同学家玩儿，再开车送甜妞去跳舞，这样不仅顺路也最节省时间。

情绪的爆发在突然间，阿迪突然地哭喊起来："每次都是你说了算，我不要迟到，我不要去邮局，我不要这个样子。你是我的妈妈吗？"

真的是平地惊雷第一次听到这种质疑。我也有些恼怒："妈妈每天那么多事情你不帮忙就算了，和同学去玩儿晚两分钟能怎样？"

他原来到邮局都会帮我搬小箱子，但是那天他选择不下车，我也是一头牛，说："你帮忙！我们可以更快地去你同学家。"

最后箱子他倒是帮忙搬了，但是看得出有1千个不情愿和1万吨的屈辱。

那段时间，我有很多事情都不顺，加上假期里每天在家里不是吵这个孩子，就是嚷那个孩子，所以我觉得我们娘俩应该就此机会好好谈谈了。我直接开车送甜妞去跳舞，取消了阿迪和同学的约定，同时也取消了傍晚的足球训练。

我们俩就坐在车后座，好好地让冲突继续"熬煮"。

阿迪执拗地哭诉："妈妈你太专制了，你天天胁迫我，你不让我干这个不让我干那个，我和同学约好了我就不要迟到，你可以去邮局送你的箱子，但是我也不想去同学家迟到。"

我本来想温柔耐心地给他解释为什么妈妈每天要工作，为什么要开个淘宝店，以及为什么那天需要三件事一起做，当我说道："你除了觉得你自己最重要，你有没有替妈妈想过或者主动地来帮助妈妈更快地做完事情。"

想不到40出头的大妈居然面对这么个小屁孩子来吐槽，突然觉得悲从中来，而且觉得自己很无助也很无能，竟然腆着脸向一个9岁不到的孩子寻求理解和帮助！

阿迪哭得更厉害了，"妈妈我爱你，但是我不要你每次都胁迫我，我有自己的计划，我也有我自己的自由，我刚才已经帮Jax上车，而且帮您搬箱子了。我觉得很委屈的原因是，你每次威胁我。我恨迟到，我也不想让好朋友觉得我在撒谎。"

阿迪哭得几乎哽咽："妈妈你是我最爱的妈妈，我问你'你是我的妈妈吗'是因为其他妈妈都不胁迫她的小孩儿，而你一直胁迫我。"

我的情绪彻底崩溃了。阿迪不仅觉得我在胁迫他，甚至还怀疑我是不是他的妈妈。我揽着阿迪原本执拗的小肩膀，他的小脑袋一靠上我的肩膀，就不由自主地抱紧我的脖子说："妈妈我爱你，我们不要吵架了！"

我泣不成声："你现在天天惹妹妹生气，然后又对着妈妈嚷，老师也说你最近学习不专心，妈妈不仅担心你，还觉得很无助，不知道我们娘俩应该怎么办？怎么可以不吵架？妈妈不要天天对你嚷，也不想你每天对妈妈说'不'！"

阿迪的眼泪滴在我的脖子里，我找了餐巾纸，然后娘俩一起擤鼻涕。阿迪先谢谢妈妈的纸巾然后清清嗓子说："妈妈，我知道错了，以后我们多商量，我会告诉你我的计划，你也告诉我你的计划，我们互相找最合适的时间，这样我们就不吵架了。"

娘儿俩抱头痛哭一场后，看看时间差不多该去接妹妹了，阿迪擦擦自己的眼泪说："我在车上等会儿吧，我不想让妹妹看到我哭过了，另外妈妈这件事你可以不要告诉爸爸吗？"

我亲亲阿迪的额头，答应他不给爸爸讲！（**迄今也没给老公讲，"男一"同学也是一屁股的烦心事儿。**）

回家的路上，阿迪和妹妹很快就有说有笑了，等红灯时，我歪头从后视镜里看到他，他给我闪一下眼睛并带着微笑。他在镜子里是那么帅气和单纯。"阿迪，妈妈的好儿子，经过这次小摩擦，希望我们娘俩都能有所进步，我们以后尽量少吵架，吵架不仅伤感情，还很费力气。"

这个下午发生的故事，是我们娘俩一次心灵的对峙和温暖的和解，相信对于我们俩来讲，都将会是难忘的人生记忆。

接下来的一星期，果然状况改变了很多，阿迪明显地更加礼貌更加懂得去照顾妈妈的情绪了。那天晚上我们又"复习"了一下事情的来龙去脉，阿迪说他长这么大，还是第一次看到妈妈哭呢。那时，他说了好几次对不起。

我很感动，觉得算是适时清扫了部分垃圾情绪，并再次告诫自己不要太紧张，更不能让自己的负面情绪影响最爱的孩子。

👑 甜妞：当妈妈犯了错误

为什么说到一些情绪冲突等，都是说阿迪哥哥，那甜妞妹妹呢？

每次出门，甜妞也会像哥哥一样提前自己准备好东西并督促妈妈出发，但是她跳舞和骑马的地方都比较远，所以我送她去之后得等在那里，还没机会犯迟到的错。

在学校里，下午1:30是固定放学时间，我需要去午间托管的老师那里接甜妞，偶尔晚两分钟，她都是正和好朋友在校门口玩得热火朝天，所以这件事上，我们娘俩也没啥冲突！

但是有一天，我还是犯错了，而且超级严重，害得我们小妞哭了一路。

那天，甜妞有一个骑马的晋级考试，也是分书面考试和骑马考试，每年一次。甜妞也算是"老将"了，她自己把书面考试内容已背得滚瓜烂熟，骑马考试动作她说也做得很好了。说真心话，我是心理上没太上心，觉得独立能干的小妞她自己的事情反正做得都很好，妈妈无须插手插嘴。

在路上，甜妞说："妈妈今天你要在马场里面等，一直看到我们结束好吗？"我口头答应了，但是进了马场就觉得好冷，然后教练带小妞们去外面跑步，我就问甜妞我可以回车上等吗？她点点头就跑远了。

我回到车上想着"去喝杯咖啡吧"，结果摸遍全身发现没有带钱，旅行回来钱包忘在旅行包里了。当你发现没有钱，特别想去喝咖啡，然后又想起了早饭也没吃，便想着该怎么弄到那几欧元了。于是，脑海里就冒出几个弄钱的办法。

1.借钱。借孩子同学妈妈的吧，感觉跟对方还没熟悉到那种地步。和甜妞一起骑马的小朋友，由于都住得特别远，来了就骑马，结束就散了，家长们都是点头之交而已。甜妞有两个私交比较好的朋友，但大家也从来没有私下互相家访过。

2.赊账。如果是平时周三去的Rewe超市还有点儿可能，因为那里的几个姑娘也都算老熟人了。但是那天是周日，Rewe不营业！其他的咖啡店肯定不会赊账给陌生人一杯咖啡或一个面包圈的。

3.街头卖艺。我真想过了，可是姐能卖点啥艺呢？不会唱歌不会跳舞也不会装疯卖傻，也许可以画张画，可是，车上也没带家伙啊。纸笔都没有怎么开张啊！

4.微信钱包。如果能在身边找到有微信的人，我可以转账给她然后她再给我现金。听说有的妈妈带孩子去买衣服就这么干过！可是，我摇了半天，茫茫德国大地，没有一个中国"雷锋"啊！

5.电话求助。家里男一带阿迪去游泳，出门时就关照过：打不通我的电话不要着急，我们在游泳，结束后我给你们打电话！想了半天，貌似也没有第二个人住得近或可以直接打电话让她给我送几欧元过来。

6.还有一条，打劫。就我这小身板儿肯定不行，再说肯定会被抓啊，警察逼供结果发现我就是为了一杯咖啡？

为什么这么啰唆想这么多？因为，我当时就想去喝杯咖啡暖和暖和啊。其实后来车上不冷了，还是想去喝咖啡啊，而且肚子也饿了。

于是，我刷了一下朋友圈。好吧，那天是一年一度的情人节。大家从下午晒鲜花、现金、账单，到开始晒情人节的晚餐了……我更加的想喝咖啡，姐就这么一个低级的小要求都实现不了，而且是在全世界都你柔情他蜜意的这一天。我真是太悲催了！

可是，更悲催的在后面。突然看到甜妞穿了夹克带了书包出来了，看看表才11点多，不是说好下午1点才结束吗？

甜妞保持着微笑的状态一直到打开车门，然后她用最大的力气把车门撞上，接着号啕大哭起来。

这到底是演哪一出啊？我惊得忘记了咖啡和饥饿，赶紧问宝贝怎么啦？

"说好的，你要在现场看我考试的，你根本没有。你撒谎了，你是个骗子！"

甜妞一面哭一面喊，气愤裹挟着伤心，眼泪鼻涕糊了一脸。

我这才惊觉，是啊，说好的要看闺女考试的呢！

好吧，都因为那杯到底没喝到的咖啡啊，下次得在车里能藏钱的地方都塞上钱！

"哎哟，闺女，妈妈真的太过分了，一万分对不起。你们马场太冷了，妈妈想着躲车上暖和点儿啊！"根本没敢提想去喝咖啡又没钱的那茬儿……

Part1

Part2

Part3

Part4

Part5

Part6

"别的妈妈都在的好吧。人家都不怕冷，就我的妈妈没看我考试，哇哇哇……"

"别哭了宝贝，那谁的妈妈不是也没来吗？妈妈下次一定要看你考试，妈妈保证！"拉个垫背的，希望闺女感觉好受点儿，再下个保证，希望是个甜蜜糖球啊！

"她的妈妈永远都不来的，她不在乎，但是我在乎啊！而且你答应了你要留下来看我考试的！"

"是是是，我家闺女在乎妈妈，是妈妈不好，妈妈刚才打了个电话，所以就在车上待得久了点，现在陪你去好不？"这时，我可不敢火上浇油，招供就差走上打劫那条路去弄钱喝咖啡的事儿。

甜妞哭得稍微不那么用力了。

"我都考完了，现在还去看个头啊！"——如果她中文够利索，肯定是这么一句甩我脸上。

我像遇到大赦一般，"现在我们可以回家了吗？"

甜妞撅着嘴巴发令："是的！"

开了3分钟，刚准备上环岛，小妞又带着哭腔喊："妈妈快回去，我还没拿考试证书呢！"

回到了马场，刚停好车，甜妞想想自己红肿的眼睛不肯下车了，说："考试证书教练应该可以帮我保留到下次再取吧，现在全马场都知道我没有取证书了，哇哇哇……"

又哭上了。

我提议去帮她取，她说："不要，教练肯定会问Feli（菲丽，即甜妞）在哪里？我不想让她知道我在哭啊！算了，我们回家吧。"

甜妞和哥哥真的不一样，她想一会儿哭一会儿，眼睛一直看着窗外。我抽了自己三个嘴巴子，倒宁肯她像阿迪一样和我大吵一架然后完事儿。

半路爸爸打来电话，说他和阿迪回来后，我们一起去吃中饭，他定了位子。

甜妞听到爸爸扬声器里的声音，悲愤地说："中饭我不要吃，我现在很饱！妈妈快点关了电话！"

到了家门口停了车，甜妞梨花带雨地求妈妈："我们现在回马场吧，我觉得我还是得去领考试证书！"我说："给教练打电话，她肯定可以让你下次取的。"

这次甜妞没有太坚持，但还是在哭，唉！

爸爸看到甜妞在哭，一脸震惊，妈妈简要说了经过，这个大男人搓着手连连咂嘴巴，"你祸闯大了，你知道这件事对甜妞有多重要！"

要不说爸爸心细呢，我原来没觉得这件事这么大啊！

甜妞坚决选择待在家里，她说不要让别人看到她红肿的眼睛。

爸爸说："好吧，我们给她带吃的回来。餐厅就在小区里，我们去吃饭，让她单独冷静一会儿吧！"

走了没几步，妈妈手机显示家里来电话，爸爸以为妹妹回心转意立马回头准备接她，扬声器里小妞呜咽着问："妈妈，我可以看电视吗？"我舒了一口气，好吧，还想着去看电视，说明日子还能继续啊！

我趁机又真诚道歉一次，并加了保证，甜妞说："妈妈再见，我依然爱你！"

听到这句话，我的两颗泪珠没防备地砸在手机屏幕上。我的好姑娘，你的心灵是多么的晶莹剔透啊，你居然这么快地选择原谅妈妈，而且还懂得说"我依然爱你！"

我拭干自己的眼泪，"男一"拥抱着我说："甜妞给你打电话就是她想和解了，你一定要吸取教训，下次答应她的事情一定要做到，她最在乎的就是妈妈，所以妈妈最不能伤害她。她和阿迪不一样，阿迪会和你吵，她看似很甜蜜很平和，但是她在乎的会超级在乎，而且她的对抗力量其实比哥哥还要强大！"

旁听的阿迪听着也频频点头……

一人犯错，大家都吸取教训。晚上我抱着甜妞再仔细问她，"今天这件事，妈妈做得实在太不对了。谢谢你原谅妈妈了。你心里不会留下阴影吧？"我还用中文给她解释了什么叫阴影。

她笑得晴空万里，"妈妈，不会有阴影的。但是我觉得我不会那么快忘掉的，下次再遇到这种情况我会使劲叮嘱你的。"

相信每个家里都会有类似的事件发生，所以父母都得用心对待孩子的情绪，孩子心里没小事，我们不能用成人的眼光去断定哪些是"鸡毛蒜皮"。孩子如果在乎，就是天大的事情，爸爸妈妈请认真对待！

我从中吸取的教训：

1.孩子的事情很重要，尤其孩子在乎的事情很重要。

2.答应孩子的事情一定要上心，不要敷衍不要搪塞不要糊弄。

3.孩子的心灵都很清澈透明，只要耐心些，他总是会告诉你，他错在哪里以及下次的正确方法。

4.真诚解决问题，谁错谁道歉，不要强词夺理。

5.大家一起成长，犯错很正常，但是同样的错误尽量不要重犯。

Part 4

家有二宝:
有些事让他们用孩子的方式解决

👑 老大的烦恼，老二的尖叫

随着那个胖妞的呱呱坠地，老大的世界突然失去了平衡。

家里人温暖的爱心、似水的柔情、凝神的关注都开始被这个晚到的小不点儿轻而易举的挖去大半，而且，就因为这个小不点儿儿，家里的"地雷"貌似突然地多了起来。

老大：心里五味杂陈。

一靠近那个小肉团，老妈就会紧张地喊："别碰妹妹！"

她是刺猬吗？原来不准我碰妈妈的肚子，现在她人都生出来了还不准碰！

亏得爷爷奶奶在，他们陪我玩儿陪我吃饭陪我读书，但我还是会想我的妈妈。看妈妈抱着小妞喂奶，妈妈就嘘我让我小声点儿；看小妞睡觉了，妈妈还叫我别大声闹；妹妹哭了，妈妈更大嗓门嚷，"看看都是你把妹妹吵醒了"。

我不管了，我就要大声哭、大声吵、大声地扔玩具……

后来小妞会坐会爬会走路了，偶尔比较好玩儿了。只是偶尔，大多时候她还是傻傻的，可气的是她那两条腿还走不利索，居然会来抢我玩具，关我的游戏或者一屁股把我的小车队砸飞了。

我当然推过她，打过她，也往她头上扔过小汽车。有一段时间，老妈的对策就是"以其人之道还治其人之身"，我也没少挨吵和被打手心……

等小妞1岁多，我进了幼儿园，看她算是没那么不顺眼了。短暂的分离还是有好处的，每天从幼儿园回来，我还费劲地给她唱歌跳舞逗她开心。小妞挺傻的，不管我干吗，反正她都表现得很捧场。妈妈、阿姨、姑奶奶，包括爸爸、外公、舅舅一干人等，都夸我是个好哥哥。

我尝到了当哥哥的甜头以后，我们的兄妹关系算是上了新台阶。

我是个敏感细腻、有想法的天蝎男，老妈说我刚会走路就知道给自己要玩具，而且是得不到誓不罢休的那种。妹妹出生时，我第一次挨打，就是我100头牛都拉不动非要一面看电视一面吃饭，后来第二次挨打，也是因为我娘打破了我那秩序感：我娘先我两步下了楼，我非让她倒回去跟我屁股后面再走一遍。结果那个女人火起来，动了巴掌！

我记忆里也就这么两次挨揍，我之所以现在不怕丢脸地提起，是想说明我这种性格已经注定我的烦恼不会比妹妹少。那个傻妞，到6岁了还不知道自己攒钱买玩具，妈妈给她钱她都不知道要，她啥啥都无所谓，除了会坚持穿裙子！

所以，身边那个天使小妞，成了我最大的吃醋对象。

妈妈天天表扬她，阿姨对她永远笑靥如花，周围邻居们包括来家里的小朋友，见到她就两眼放光。而大爷我，成为摆设还不是最差的，最糟糕的是我经常近水楼台地被塑造成了反面教材。

我得说，家里有个妹妹，肯定提高了我的生活质量和心理愉悦感。

您想啊，有这么一个听使唤又给面子，还100个崇拜我的小跟班，没她，我的存在感得打多少折扣啊！是她让哥有了高大的感觉！

有一次在球场，她和两个女朋友被另一个姐姐欺负了，我手插裤兜里走过去，严肃地说："她们是我妹，你不能欺负她们！"那个姐姐当场就给我解释，她只是嚷了，根本就不是欺负她们！还有一次，妹妹说幼儿园里有个小妞很霸道，我立马问中午她几点家长来接，我去会会她！

我的领导能力、组织能力、游说能力，包括场面控制能力……都得益于平时有个妹妹给我机会试验、学习和修正。我的滔滔不绝，我的口若悬河，我的喋喋不休，我的铁嘴钢牙……您以为呢，那都是练出来的，陪练就是妹妹！而且现在陪练的段位也提升得很快，所以，我们这是千金难买的"相学相长"。

猪一样的队友我不稀罕，我家小妹是神一样的对手，现在"领导"她越来越难了，她不仅有了一副尖牙利齿，还掌握了很多"反动知识"，上次居然说："让我安静一会儿，我受够了你的支使，我不要天天围着你团团转，我也要有我的生活！"

我当时就认真思考了：这个小妞作战多年，功力和武器都不容小觑，我以后得使用更多怀柔政策，坚决不能和她内讧！

所以我的很多烦恼都和小妞有关，要么在吃她的醋，要么在生气自己居然吃她的破醋！

我常想，如果她是个小弟弟，也许我们会有更多共同语言，我也不用吃那么多闲醋，可是看到我的好朋友和他的弟弟，我觉得还是有个妹妹好点儿，虽然她哪儿哪儿都比我更让人待见，可是，我和她毕竟是两个品种，可比性不是那么明显。

和我的好朋友比起来，我是个100分开心的小孩，朋友们都愿意到我家里来玩儿。首先，我的爸妈不摆架子，另外就是我有个好兄弟Jax，当然的当然，是因为我有很多很多乐高，其中得分率很高的因素，就是我有个好玩的妹妹！

老二：甜妞的尖叫。

甜姐儿我生下来就看到一个天敌，而且是个永远超越不了，永远打不败的天敌！

他庞大地站在那里，第一天甜蜜地喊我妹妹，第二天就把我的肥爪咬了两个牙印！

一开始，我忙着吃奶睡觉，没理他，后来我发现蛮好玩儿，貌似他挨吵的频率还蛮高的，有些同情他。虽然我手无寸铁，虽然我貌美如花，虽然我内外兼修，但是，不争的事实是，对他来说我是一个入侵者，尽管无辜！

后来者其实有机会居上，也可以当仁不让。后来者还能扭转局面并且赢得自己的天空。好吧，其实我根本不用花费那么多的心思，事实证明，只要快吃快长，多笑笑，然后我就赢了！

在我刚站稳脚跟的第一年，阿迪这个冤大头可真没少挨批评。老大既然拥有那么多的先机、权利和优势，自然而然的，他就有很多被动的义务和弱点。

您看，家里的"警察"和"法官"，不仅同情我这个"假弱者"，还时时刻刻地对我赔小心并同仇共忾地对待阿迪同学。哈哈，那时让我尖叫的机会真心不多！

后来爸妈发现"不作为才是最好的政府"，所以他们让我俩自己解决争端并打理日常事务。好吧，我这时才意识到啥啥都要靠自己了。没靠山就算了，这个天敌还越来越强大！

但是姐也不是泥捏的，刚会爬我就有策略对付这个天天在我眼前晃的家伙。您看，我的尖叫多有威力：抢不到玩具，抢不到吃的，或者觉得有人身威胁，我都会及时尖叫。后来，我发现提前尖叫更管用，只要我一尖叫，就会招来家里的"警察"。

后来"天敌"和"警察"都识破了我尖叫的水分，我就用号啕加眼泪！其实姐我不怕痛，也不怕打压，更不怕被冷落啥的，但是姐也有小弱点：例如哥哥不带我玩儿，或者不准我玩，或者抢我的女朋友，或者他自己不肯当我的好朋友……我就只能哭了，是真哭，真伤心地哭啊！

虽说两岁是个不可跨越的距离，但是任何练习都能练就技术人才，随着对峙、角逐和常年征战，我的力量和智慧都比同龄的孩子要强大！例如我刚会走路就学会了偷哥哥的玩具逃跑，偶尔一发飙，不要说阿迪哥哥，就是爸妈也得倒吸冷气。有一次，我把一盘子食物直接砸向了我的亲哥，还有一次我拿着饭叉直取他的喉咙——庆幸叉子是塑料滴……（我一生也就这么两次光辉事迹吧，其实绝大部分时间我都是甜蜜友好的）

这两年随着我的羽翼健丰，随着我的心智成长，随着我的智慧积累，尖叫和哭喊的手段都不太使用了，因为，我已经摸索出两军对垒时我可以使用的火力和兵器了！可以不谦虚地说，再有一两年，我肯定能把出兵胜算掌握在一半一半，现在还比较谦虚些，40%吧！

作为老二，上面有一个哥哥，遇到外敌他能帮你出头，但同时更多的是被他笼罩着的阴影。老大不仅是家里的试验品，他更是个标兵。虽说我不用拣他的旧衣服，买玩具和零食时爸妈也努力坚守着公平和平衡，但是，老大还是有老大的诸多好处。例如是因为他的天天聒噪，我们才有机会养了一条狗。这狗狗当然得是小男生！

家里每次来女朋友，100次得有99次被哥哥抢走，有没有搞错，那是我的女朋友啊！早上抢马桶抢不过就算了，我认输，可是我的那些女朋友，每次来家里玩儿，都把我甩一边儿，我当然吃醋，我吃醋我那些女朋友没有立场，而且我也吃醋我的老哥居然对别的女生那么千依百顺，还不带我玩儿，哇哇哇……

在三四岁孩子的概念里，朋友是比亲妈还要有分量的角色，最无情最重磅最具杀伤力的就是一句：我不是你的朋友了！

我甜某人经常听到这句话后得马上号啕大哭，哭完还得去求他："哥，当我朋友吧，求你当我朋友吧！"有时妈妈实在看不下去就仗义地站出来说："别要哥哥那个朋友了，妈妈当你最好的朋友。"妈妈是很好，可是她代替不了阿迪哥哥啊。

说说我为什么也有了一双足球鞋——哥哥说，如果我也有双足球鞋，那么他就可以每天带我练习踢球。想想每天有个专属男生带你踢球，多带感啊！

我和哥哥一起去公关，要妈妈买单，老妈两只眼睛四个大，但最后我的撒手锏起了作用："哥哥有那么多足球鞋，我活这么大，一双都没有啊！"老妈脑子短路，她没有反驳我有那么芭蕾鞋！

阿迪：如果我不是老大。

1.我就可以一人睡在爸妈中间，谁也不会踢我踹我晚上把大胖腿撂在我脸上。

2.我就可以坐在爸妈中间吃饭，谁也不会和我抢座位，或者她

一直腻着妈妈还用脚踹，让我靠边儿。

　　3.走路我可以一手拉妈妈一手拉爸爸，每次都可以被两只大手拉起来"飞"，再也没有那个讨厌的跟屁虫踩着脚丫喊："我也要我也要，该我了该我了……"

　　4.晚上睡觉爸爸妈妈可以轮流给我读书，我想听哪个故事就点哪本书，再也不会有个小妞捂着耳朵尖叫："我不要听这本，晚上我会做噩梦。"

　　5.爸妈可以尽情给我买玩具，再也不用老想着：你买一个，也得给妹妹买一个！

　　6.我一人霸占一个房间，再也不会有小姑娘抢着说："我要粉红色，我才不要哥哥的蓝色。"

7.如果没有妹妹，妈妈就不会老说："不行啊，妈妈下午还得带妹妹去跳舞，你不能邀请小朋友来家里。"

8.如果没有妹妹，妈妈就不用老是呵斥："你小声点儿，妹妹在睡觉！""你轻点儿，你打痛妹妹了。""你慢点儿，你撞翻妹妹了。""你……"如果妹妹是泥捏的纸糊的，我早就一桶水把她给泼了。

当然，如果没有妹妹：

1.妈妈可能会有更多的社会工作，例如她曾有机会去一个公司做副总，是妹妹拖着她让她say "no"，最后也是妹妹和我一起让她辞掉了她那电视台的工作！

2.我也可能像其他独生子一样，陪伴我的也只能是阿姨，电子游戏，或者遭遇更多妈妈的恶声呵斥："走开，别老缠着我！"孩子没有伴儿，不缠妈妈，缠电线杆吗？

3.如果没有妹妹这个可以陪我玩陪我笑陪我一起"二"的贴身伙伴，我的日子该多出来多少的"无所事事""无聊透顶"啊。她尽管是个女生，但是只要我允许，她也和我一起玩陀螺，一起玩星球大战，或者拿着水枪把我追得满花园雀跃！

4.如果没有妹妹，谁给我壮胆儿啊？甭看那妞个头小，但吨位和胆量都比我大，第一次去朋友家，第一次单独去面包房，包括第一次问陌生人可不可以摸她的狗狗，都亏了那个小妞陪着我。万圣节，如果不是她跟着我，我可没胆量一人走在夜色里去讨糖！

5.任何玩具，包括宠物，都不会像妹妹那么会说话。她当然会和我吵嘴，可是她更会唱歌，和我讲笑话，或者一来一往地对话和聊天。说真心话，她比妈妈更有耐心，也更肯给我她的时间。你看，她从来不看电脑，她也不看手机，她偶尔和我抢ipad，但是她看的都是我也爱看的动画片！

6.我每次挨妈妈吵，哪怕是因为她，她从来不记仇，而且还会替我求情："妈妈我不哭了，你别吵阿迪了！"

7.我会写字了会读书了，是妹妹100个崇拜地让我帮她写信，帮她给圣诞老人要礼物，朋友纪念册也是我帮她填，她一直说："阿迪你好棒啊，我多幸运啊有你这样的哥哥！"

8.我球队的好朋友，包括哥们Toran，他们都说阿迪你的妹妹好甜蜜。好吧，被他们一再提醒，我也觉得我的妹妹真心不赖。

甜妞：反正我很感谢我有个哥哥。

1.你看，如果没我哥，我得一人睡个大房间。我讨厌一个人待着，你知道，哪怕白天一个人在厨房我也会觉得不习惯。我可以一个人玩儿，一个人做手工，但是我需要周围有个喘气儿的活物，阿迪是最合适的。

2.尽管有时候，我被哥哥使唤得团团转，我也曾不耐烦地嚷："你能不能让我安静一会儿，我要过我自己的生活！"可是，1分钟没到，我就会去找他。还是两个人一起生活比较有意思！

3.每次吃饭我们都有说不完的废话，每天早上妈妈睡回笼觉，都是哥哥和我一起吃早餐，一起看动画片，一起和Jax玩儿。每天晚上妈妈讲完故事，我和哥哥还会再开个卧谈会。

4.哥哥对动物的天生热爱，给了我很多支持和教育。我从原来只喜欢超级甜蜜的小小动物，到现在我也不再觉得蛇很可怕，或者蜘蛛很难看。我爱上了大的狗狗，最让我惊喜的是：Jax最最喜欢我！

5.如果不是阿迪，我肯定不会去看星球大战或者憨豆先生，我也肯定不会玩乐高玩具，或者嚷着妈妈给我买一双足球鞋，是阿迪让我小女生的生活多了很多很多不同的色彩，也是他丰富了我有限的人生阅历。

6.虽然每次惹我尖叫的肇事者大多是阿迪，但是我得说，每天能惹我不停咯咯傻笑的，也永远是他！当然我知道是因为我的大力捧场激发了他无限的表演欲望，可是，还是很感谢父母给我生了一个哥哥！

7.哥哥有了女朋友，他把秘密第一个告诉了我，连爸妈都不能讲！能讲秘密的都是最好的朋友，我相信的！

8.我很骄傲，我有个哥！

老大老二其实除了烦恼和尖叫，更多的是数不清的幸福和美好，为了此文不跑题，这里先打住了，但是作为第一当事人的我得补说两句：

家里有俩孩子，摸爬滚打这么多年，还是那句话："如果有念想，就一定要生俩！"养俩孩子的苦恼和困难都不值一提，养俩孩子的快乐和幸福倒是能温暖我们一辈子！

当家里有两个小孩，矛盾、争端、哭声、眼泪都是在所难免，每个阶段问题不同，处理方法也要灵活。例如，妹妹刚出生时对哥哥的情绪更要细致处理，等妹妹1岁多开始第一轮集中反抗时，安抚妹妹比较关键。等哥哥过了3岁能讲通道理后，基本家里的兄妹鏖战就稍微好些了……再大一些的时候，是妹妹老骚扰哥哥了，或者哥哥抢了妹妹的女朋友了……这些都可以让孩子们自己解决，只要不出现推搡或谩骂，家长就当看现场童声表演"练习听力"好了。

另外，爸爸去哪里了？是的，爸爸其实在孩子8岁时可以有一言九鼎的威力了。例如阿迪一直和我"翻毛枪"，或者一段时间甜妞有些小毛病，爸爸出马就一个顶俩！爸妈"演双簧"得分好工，妈妈管得多、管得碎、管得松，那么爸爸就得高屋建瓴抓重点抓关键。

家里有两个孩子，就是手心手背，最多孩子性别不同、个性不同、为人处世方式不同，在父母眼里，其实没有偏袒。如果一定要说有区别，那就是"会哭的孩子有奶吃"吧。但是长年累月，即便不会哭的孩子你也会给足了她奶喝！

老大更敏感、坚持、细谨，想法多要求多，但这不能算孩子的缺点，家长只能抓住他的特点对症下药！老二大度、随和、随心所欲，习惯被人吆喝，当然也对抗有方，老二比较坚强。这是她的生存环境或者说角色天性决定的，但这也都是特点，不应该成为孩子的标签！

说到底，家有俩孩子，如果快乐和幸福翻倍了，那么相应的问题和烦恼也都是副产品，正确面对和接受就行了！如果你享受过兄弟姐妹的温暖，那么也请帮你的孩子拥有这份厚重的亲情和血缘！

最后，再啰唆一下讲一个实战小例子。

甜妞是个相对大度的小妞，从小还胃口好、身体好、情绪好，属于比较招人疼的孩子，家里老人和阿姨都更喜欢她！相对应的是比较淘、比较闹、比较爱惹妹妹的哥哥，他很容易遭人呵斥。有一段时间，就是阿迪3岁时，我发现家里的老人包括阿姨，对阿迪说话都很大嗓门，大家老怕他会动妹妹，每人都紧张地对他虎视眈眈！我发现后马上调整了家里有些走偏的风气：阿迪更喜欢和阿姨玩，所以让阿姨可以更多和阿迪互动，读书、玩游戏包括傻玩都行，然后让我们家姑奶奶稍微多留心甜妞就行了……另外，早晨、傍晚和周末，爸妈也提高对阿迪的关注度，很快事情就不再是事情了。

上帝既然给了你两个孩子，那么生活就会自然而然的教会他们友爱相处的智慧！

Part1

Part2

Part3

Part4

Part5

Part6

兄妹、兄弟、姐弟，包括双胞胎，能否友好相处，除了孩子们自身的天赋，父母和家人的态度也很重要，除了两碗水要端平，更多的让孩子们学会喜欢彼此，尤其是学会接受对方的特点和缺点，让孩子懂得：除了父母，世界上最爱他们的、关系最亲密的，就只有兄弟姐妹了。

👑 两个孩子，两种成长

看到有很多心灵鸡汤的文章是关于"两个"：两种丈夫两种人生，两种CEO两种结局，两种性格两种明天，两种态度两种命运……想到我们家的"两个孩子"，决定记录一下他们的"两种成长"。

阿迪是2005年生的小天蝎，甜妞是2007年生的小射手。

一个很男生：玩汽车，玩乐高，踢足球，只穿男生颜色的衣服。除了爸妈，不肯让别人看到他的眼泪。从小爱玩枪、爱星球大战，心底驻扎着一支在他麾下横冲直撞的大部队。

一个很女生：喜欢粉色、紫色，一年四季只肯穿裙子，喜欢项链、手镯、指甲油，觊觎妈妈的口红和丝袜。偶尔玩芭比娃娃，最热衷的是和她的几十个长毛玩具玩各种角色扮演，喜欢彩色铅笔、白纸、胶水和剪刀，用各种毯子围巾搭建防空洞。喜欢唱歌和跳舞，但对哥哥的乐高，只有被迫时她才呼啦两下。

当两人遇到了委屈：阿迪立马表现出来，场面很"地动山摇"。甜妞挨了批评或者呵斥，包括遇到委屈，会使小性子，不理你，或者躲到角落里大声地哭，甚者逃到自己的床上，嘟囔着控诉，然后一不小心就呼呼地睡着了。

吃饭时：阿迪从小胃口也很好，后来就开始贪玩儿忘记吃东西，对食物的热情没有妹妹那么持久。他可以专心玩乐高，或者和小朋友玩一下午都不会主动想到吃东西，晚饭也很少狼吞虎咽。对食物的选择范围也比较局限，从而白白丧失很多妹妹那"面对食物笑逐颜开"的机会。甜妞从小胃口好，一点点大就知道一口气让自己吃饱，后来体重能一直"彪悍"过人，缘于多餐的贡献。只要在家，一趟一趟地去厨房里找吃的，水果、面包、酸奶、香肠，包括坚果。

睡觉时：阿迪只有睡大床才能一觉到天亮，自己睡总是会中间醒来，或者凌晨醒来不肯再睡！爸爸一直都是早起类型，阿迪和爸爸一模一样，每个周末想睡懒觉的妈妈都会嘟囔："都起那么早干吗，天天过大年似的！"甜妞可以自己睡得很好，入睡很快，夜间不醒来，早上能睡足！

选衣服：阿迪基本能保证自己的衣柜不会乱七八糟，他看好了T恤、裤子，会比较小心地拿，袜子基本不挑拣，早晨起床第一件事就是脱下睡衣、换好衣服穿好袜子、洗好脸、刷好牙齿再下楼，周末也不例外。和他鲜明对照的是甜某人，她的衣柜经常乱得让妈妈尖叫，T恤、打底裤、袜子，包括挂着的裙子，她可以全混成一堆。穿了T恤，觉得裤子要换，穿了裙子，觉得袜子不配，包括每次洗好澡，连小内裤她也要挑啊挑、拣啊拣。该女生动作也比较豪放，经常地上、沙发上，包括桌子上，团着、窝着、躺着各种形状的她的袜子或长裙。

阿迪晚上睡觉前换下的脏衣服全部装进洗衣筐，包括两只袜子。早上换下来的睡衣会放在沙发上而不是随手扔在床上或地板上。甜小妞和爸爸一样，喜欢光着脚丫光着腿，放学回家，经常袜子脱了打底裤也不见了。搞笑的是她会在不同时段脱下来不同的零部件，所以车上会遗留一只鞋，门房会有袜子，沙发上会有裤子和裙子……沙发下面除了她扔的酸奶盒，糖纸，也会有她的袜子、裤子、发卡……以前，很多事可以说是思贝柯干的，现在，她再也赖不了他人了。

刷牙：阿迪在学校里定期有牙医做宣传，例如每天晚饭后刷牙要满三分钟，吃饭后要记得漱漱口，小男生都执行得特别好，不偷懒而且也不忘记，例行牙医检查，牙齿都很好，没有洞，医生发两个球做表扬的奖品！另一个小女生，牙齿上刚被医生发现两个小洞，她每晚刷牙都三心二意，而且经常忘记，甚至牙膏都挤好了她也会玩得忘记刷牙。有时刷好牙齿，她跑一圈儿又去厨房找了个草莓吃，如果不提醒她，铁定牙齿就带着草莓籽睡觉了……很多时候，她还没等到上楼刷牙就睡着了，叫醒她胡乱刷两下。为什么我不帮着刷牙？帮啊，每天都提供服务，关键是人家坚持不享用服务啊。

喜欢的地方：阿迪喜欢在客厅玩儿，或者待在顶楼玩乐高，只有到了要吃饭时他才会在厨房现身。甜妞喜欢厨房，一是有吃的，二是她很喜欢帮忙，三是她觉得厨房有很多乐趣。每次都要帮忙切菜，我就给她个小菜板加一把钝刀，后来她要帮妈妈搅拌，现在已经上升为可以帮忙"打鸡蛋"，还好她有些小原则：洋葱不碰，热锅

Part 1

Part 2

Part 3

Part 4

Part 5

Part 6

不碰，锋利的刀不碰。厨房的乐趣，基本都是在"老虎打盹儿"时，她偷偷地做的各种"汤"，糖、盐、醋、酱、油，包括黄油、胡椒、面粉、大米、大蒜粉，她都尝试过，各种添加，各种搅拌，各种色彩！她没觉得自己是个大厨，她说自己是个科学家在做实验。各种乱就不提了，关键是各种浪费，当你看到半杯子还没有化掉的白糖……好吧，向您学习，本大妈也不发飙。

关于存钱：阿迪兢兢业业地存钱，除了帮爸妈干家务，他看到厨房台子上有零钱都会主动问："这个钱如果没人要可不可以送给我？"他现在不仅会数钱，也会算钱了。我们经常开他玩笑，让他请大家吃冰激凌，他思考半天说每人只能买一个球哦！有些玩具他想买，用自己的钱，会按照数目一分不多一分不少带到商店。甜妞纯粹是赶时髦，有一搭没一搭也存了好久，平时偶尔还了购物车，送她一欧元，小妞也没有捞到外快的欣喜表情。有一次很开心，她一股脑把自己的私房钱全送给了她的好朋友阿迪！甜妞有个很不在乎的口头禅：Egal（无所谓，随便，不管）！裤子磨了个洞，Egal，脸上脏了，Egal，你最喜欢的动画片DVD坏了，Egal! 关于钱没概念情有可原，算她年龄小吧！关于各种东西，还包括她喜欢的东西，她也很"大条"。她的生日礼物芭比娃娃，有小朋友说喜欢，她当场说送给你，再给你加一个……阿迪在乎很多，管理者就可以适当地要挟"如果你不好好吃饭，你就不能玩你最新的一组乐高"，简单有效！但是甜某人，得想半天她最在乎什么，而且揪出来一个还不一定有用，她会耸耸肩膀粲然一笑：Egal!

可别说她很容易对付，每次和阿迪抢带花纹的叉子，或者只用粉色的杯子，或者坚持穿裙子时，任你嘴巴磨光扔她10个"Egal"时，她也不肯点头屈就。

她当然会很在乎这些：

1.妈妈不能瞪她、说她、吵她、大声嚷她。她最爱妈妈，如果这个女人做了这些伤害她感情的表情和动作，她就会哇哇地张开嘴巴大哭，真哭，带着很受伤的眼泪。

2.爸爸大声凶她。例如纠正些小毛病，爸爸出马立竿见影，妈妈往往要进行很久的拉锯战也不见效。

3.她的闺密。好了三年的露易沙说："不和甜妞玩了，不和甜妞坐一起了……"她都很在乎！

4.当甜妞的访客（基本都是小女生）只和阿迪玩时，甜某人会超级吃醋的。

阿迪和甜妞俩人差了两岁，各自都有很多好朋友，但是父母雪亮的眼睛发现，他们俩互相的，都是对方最好的朋友，摩擦和战火都是小意思，更多的友好相处才是每日的生活重点：阿迪擅长逗乐，甜妞乐意捧场，一个善于各种聊天、演讲、胡扯、瞎掰，一个则会应声附和、鼓掌、崇拜、两眼放出璀璨的星光……

作为妈妈，最享受的就是看两个小人你来我往的各种场景，早上从睁开眼睛到晚上上床睡觉，两个不领薪水的小演员，时刻烹制着各种酸甜苦辣的小段子，随着两人掌握的语言工具越来越顺嘴，两人的曲目内容也越来越具备观赏性……阿迪表情丰富，语言夹杂各种色彩和异想天开，甜妞也当仁不让，尤其篡改的歌词和各种自己编撰的小说唱，不仅征服了"观众"，也让"台上"的"对手"不得不对她刮目相看。

👑 可喜——当你的孩子被欺负了

我不想哗众取宠，也不是欠扁、欠骂、找砖头挨的阿Q，我只是分享一下我们家老二的"经常被欺负"以及"被欺负后她更加强大"的一些心路历程。

孩子的被欺负只是暂时的，因为你发现，第二天她就不再挨欺负了。

说实话，在孩子的日常小纠葛，或者被抢了玩具、被推了一把，甚至在贴身武斗中被抓了脸而哭得涕泗横流中，我没发现多少"欺负和被欺负"的痕迹！因为，孩子的行为不是蓄意，孩子也不会欺诈，更不会强迫那个还裹着尿片的另一个孩子接受艰巨的工作或任务！

但是，一旦孩子在争端中哭了，哭喊的孩子往往会被大人界定为"受欺负"了！

哭喊，是孩子不能控制局面时最常用的一种手段和伎俩，这里

Part 1
Part 2
Part 3
Part 4
Part 5
Part 6

的"手段"和"伎俩"两个词儿，我觉得倒是没有被放大，因为和成人使用这两个"智慧方法"的性质一样，最多也就是50步和100步的区别！

孩子哭喊，尤其作为弱者，例如甜妞刚出生时，她面对大他两岁的哥哥，尽管两岁的阿迪哥哥还跑不顺畅、还口齿不清，但在小婴儿的眼睛里，两岁多的哥哥就是一个"巨无霸"，当抗衡不过时，哭喊是赢得家里"警察"支援和"法官"同情的唯一手段！

当婴儿长到三到四个月大时，眼睛视力基本发育好了，能看清周围的事物了，他就成功地具备了"看你脸色"的天才本领，这时你的嗔怒，你的鬼脸，你的爱意，他都能准确地接受！

当一个小精灵面对力量不对等时，他本能的就已经"盘算好了"怎么制胜的策略，**所以那些经常哭喊的孩子，并不是真的"被欺负"，他只是在为"防止被欺负"提前做预演而已！**

当游乐场上你的孩子哭着回来，我相信这里面更多的是委屈，情绪放大，寻找情感慰藉的一种眼泪，真正的疼痛或"心理上被欺负"的成分所占比重很小。

甜妞有次在厨房哇哇大哭，我跑过去，听了原委：哥哥说他要扔掉我的小马！看她还真有眼泪，但哥哥并没有实施这个"将来时的犯罪"，最多算是恐吓，但甜某人接受了这种恐吓并使用自己的哭喊策略寻求妈妈的支持！

甜妞的原话是："妈妈你如果吵了哥哥，他就不会扔我的小马了！"这是标准的利用哭喊预防自己"受欺负"的最好例子，如果此时妈妈过激地去训斥哥哥，对阿迪来讲，有些过火！但也不能真的让他扔了小马再去"处理争端"，因为语言威胁也是一种暴力形式。这时最好的方式就是让两个小人心平气和地讲清来龙去脉，然后各打一个板子，互相道歉加拥抱！

孩子在生活中每天有多个角色在上演，例如老师眼睛里的好孩子，在家里成了颐指气使的小霸王，也可能他刚刚还彬彬有礼，一眨眼他会推翻身边的孩子或者哭喊着絮絮叨叨！不能说孩子是变色龙，只能说孩子的情绪管理还有待提高，即便我们成人也有谄媚和对抗，也有喜爱和骂娘，那么就得正视孩子们的各种情绪表达！

欺负和被欺负，永远都是暂时的：

被欺负的孩子，再老实，被连着欺负三次后，即便没掌握反抗的力量和技巧，他也绝对能搜寻到逃跑或者避免被欺负的方法！您别较真："我们家的孩子怎么老挨欺负？"

相信我，没有老挨欺负的孩子，多的只是父母放大了孩子被欺负的次数和感觉，片面地从心理上给出了不准确的判断！

我们阿姨老为甜妞抱不平：哥哥又抢小妞的玩具了，又推了甜妞，又嚷妹妹了！其实，她更多的只是忽视了或者选择性地不看到：甜妞"发现和发明"玩具的能力很强大，自娱自乐的能力很强大，她也没觉得谁推她了，当她抓着玩具不撒手时嚎叫的分贝绝对比哥哥要高！

受过挫折教育的孩子，都具备不折不挠的坚强意志，而且对负面的影响可以有选择地忽略，同时能淡定地处理和其他孩子的争端，一般老二都比老大更懂得回旋和迂回，道理就在这里，他们更早地学习了"当面对比你强势的人"时的处理能力！

说实话，甜妞比哥哥的胆子更大些，面对很多陌生场合，陌生游戏，陌生的人，甜妞都比哥哥更大方些，而且只要妈妈鼓励她去尝试，她总是能比哥哥更快地找到新朋友或者立马玩得兴高采烈，我想这缘于她有更多的信心去面对失败和不适：不好玩儿不要紧，玩不好也不要紧，被人笑了也不紧，我能面对！

阿迪哥哥更多的是"如果觉得没把握我就不出手"，他需要时间去观察判断，这种保守的顾虑或者由于保守而错失的玩耍机会，最大的原因就是他怕输，怕玩不好，怕别人笑他、不喜欢他！

家里两个孩子，不管性情怎样，只要家长引导得当，孩子们都会相处融洽，情感敦厚，互相视为对方是"自己最好的朋友"！如果说妹妹更快地掌握了"适者生存"的原始道理的话，作为老大，哥哥就是天生地被赋予了"锻炼领导力"的先机！

当然，不管两个小孩儿理论知识多充分，实践能力多拔尖，换了陌生的环境陌生的人群，他们一样难免会被人欺负或欺负他人，但是，不管是孩子们哭着回来，还是被别的家长找上门来，事情过后的成长，对他们来讲，都是水到渠成而且顺理成章的美好经历！

得，别显摆你们家有两个孩子了，我们家只有一个，到哪里去找这么多的"千金不换，千年不遇"的被人欺负的挫折教育？

当我们只有一个孩子时，父母包括祖父母都会竭尽全力帮孩子营造一个"不被欺负"的生存环境，从某种意义上讲，这是父母好心干坏事，变相干预孩子正常成长的一种负面力量！

别说我饶舌，作为父母，我有时也会觉得阿迪过于保守和胆怯，和老公聊天提起，说等阿迪再大些，暑假把他送到少林寺，强身健体，增强自信心！老公笑了：**"你知道什么能让孩子最自信吗？就是阿迪现在这种状态：他有很多朋友，他知道朋友们都喜欢他，这是他最大的自信心源泉！教他做个受欢迎的孩子，有个好的品性和性格，其实比送他去少林寺更重要。"**

最近阿迪连着两次都挂彩了。一次是在户外玩儿时，一个小朋友跑动时把他撞翻磕到嘴唇而流血了，还有一次是他最好的朋友一失脚把他拌翻磕伤了膝盖，老师及时给我讲了，小朋友家长也道歉了，我问阿迪："你的意见呢？你觉得他还能当你的好朋友吗？"

小男孩当时有点儿情绪，不肯讲，但回到家里后，想通了："妈妈，他不是故意的，我接受他的道歉，我还想他当我的好朋友！"

Part1

Part2

Part3

Part4

Part5

Part6

👑 老二的生存智慧：大气

最近甜妞表现出的一些渐次清晰的性情组成部分：大气！

我们的德语老师alexanda（亚历山德拉）在家里是老二，她说小时候哥哥一直占着先机，无论分吃的玩的用的，哥哥都是挑最大的最好的最喜欢的，妹妹是老二，拿到的都是被挑剩下的，以至于有时妹妹有机会做主来分享东西时，她竟然会自然而然地先分给自己小的不好的，而把大的好的留给哥哥！

作为老二，其实甜妞也有这等际遇。当她还不会走路时，小妞就懂得哥哥上学后她才去动哥哥的小汽车，尤其是看到哥哥来了，那么个小不点儿儿，就懂得马上放下哥哥的东西快速躲开！小娟阿姨有时很气愤，经常为甜妞鸣不平！当妈的有时也生气，但大多时，我采取介入不作为态度，除非有人眼泪汪汪、擂鼓喊冤！

上帝给了我两个孩子，就同时给了我一种管理两个孩子的绝妙方法，我相信的！

我知道："再小的孩子，也会长大！再忍气吞声的小妞，也有一鸣惊人的那一天"！所以我很早就警告过阿迪。而且，甜妞也慢慢证明了我理论的正确性！

甜蜜蜜的小妞，从会看哥哥的脸色时就熟谙了和哥哥对峙过招的诀窍。阿迪哥哥是强敌，但是同时，他也培养了更强大的对手！

甜妞的甜蜜笑脸，一是她作为老二的生存法宝，二是她对付哥哥的武器，三是赢得广大支援的有效信号！甜妞不复杂，她只是在数年的摸索思考中懂得了：和大自己两岁的哥哥相处，得灵活机动，见招拆招！

今天重点表述甜某人的大气！

1. 让床。

阿迪哥哥念叨着要上下床，真的费劲搬回家里一张，小男生又变卦，理由很多：会掉下来啦，晚上上厕所费劲啦，爬下来很害怕啦……等我在沙发上陪了他两晚后，该小男生竟然恬不知耻地抱了枕头和被子和妹妹一起睡下铺！再后来，该小男生又生幺蛾子，说让妹妹睡上铺他就单独睡下铺！

我们家的小甜妞，瞪着清澈的眼睛，勇敢无畏地说："那我睡上铺吧，我不害怕！"而且，这个宽宏大量的小甜妞在上铺安睡到了天亮，包括早晨自己爬上爬下地去了趟厕所！

第二晚，正好甜妞发烧，小人儿差点儿吐了，吃了退烧药后，小家伙居然不闹不吵也不黏糊又爬到了上铺！我什么也没说，抱了被子又在沙发上陪睡了！下铺的小男生，睡得倒是很踏实，甜妞这么大动静，愣是没吵醒他。

第三晚，妈妈正式地给兄妹俩讲道理："妹妹表现得很好，哥哥你要向妹妹学习！"小男生有些不好意思，但是甜妞，既没骄傲也没委屈，又抱着自己的小熊爬到了上铺。

2. 自己下楼关电视。

爸爸出差时，晚上俩孩子对妈妈亦步亦趋，我去洗衣房两人也跟着，去上个厕所，他们俩也要把在门口等着！一天晚上我往楼上送衣服，看看时间7点多了，就喊俩小人儿上楼！哥哥永远比妹妹窜得快，而且忘记了关电视！娘儿仨刷好牙齿，我就督促哥哥下楼去关电视，小男生磨叽着不肯去说怕黑！甜妹妹抹好嘴巴，拉了哥哥的手："阿迪，我们俩一起去关吧！"哥哥还是不肯！甜某人看不下去了："妈妈，那我一人去关吧，我不害怕，有坏人我就跑上来！"（那时阿迪大一些，他爱看电视看书玩乐高，其中都有坏人的角色，所以他老觉得坏人会躲在黑暗的地方！）

3. 抢着说话争不过哥哥时飙出眼泪，但妈妈说看到了，立马收声收眼泪。

每晚妈妈做晚饭时，兄妹俩可以看电视！每次选台选节目，妹妹从来不和哥哥抢（估计她知道也抢不过），每次儿童频道会插播些玩具广告，俩人就乐此不疲地"占广告"——这是我的，这是你的！还每每拉了妈妈来看："妈妈，我生日就要这个玩具，圣诞节我就买这个！"那天哥哥忙着给妈妈讲时，甜妞喜欢的玩具广告上来了，小妞大着嗓门和哥哥抢话，自是被哥哥呵斥！（他们俩一直是一人说完一人说！）等哥哥讲完了，妹妹的广告也过了，小妞立马飙发了泪水："阿迪，都是你的错，你看你让妈妈没看到我的玩具！"

我其实在甜妞抢话时已经留意她的广告了，就安慰她说："妈妈看到了，你喜欢那个小红马，你生日时会给你买的！"小妞惊喜的脸上带着泪花："妈妈你看到了啦，哦，那我不哭了！"

老大被父母要求很多规矩，老二遭遇不少老大的欺负，但是，家庭的安定团结，兄妹的骨血情深，不都是在这种"大平衡"里成长的吗？

德国有句谚语：任何事物都会有个头尾，但只有香肠，有两个脑袋！其实，即便是两头都一样的香肠，它两头的际遇和造化也都会很不一样！何况我们中国也有句谚语：一母生九子，九子各不同。

甜妞尽管一直在哥哥的影响之下，但是这个小女生现在越来越

遇见孩子就是遇见更好的自己

Part1

Part2

Part3

Part4

Part5

Part6

彰显她的力量和优势了，例如她性格更大气，为人处世更笃定，遇到问题更自信，在班级或小朋友中间更有威信。

今天重点表扬妹妹，但并不诋毁哥哥，阿迪是个更敏感的孩子，他处理问题的方式和甜妞完全不同。不过只是不同，没有好坏！

尽管阿迪偶尔使用撒手锏说甜妞不是他的好朋友了，但事实上，哥哥从心里对妹妹的依赖绝对不容小觑。很多场合，他都会拉上妹妹给他壮胆，很多小秘密，妹妹都是第一个知会对象，而且很多时候还会成为共同对父母瞒天过海的死党！

和阿迪相比，甜妞总是什么都提前学会或者吸取经验，不仅家长省心，更重要的是间接地学会很多技能并提升了能力！

👑 日子里的形影不离

第一个孩子"照书养",大家难免犯错或走些弯路。等到第二个孩子就是"放养"。大家都淡定了,育儿路上反而可以一路高歌!

当两个孩子形影不离,自然可以相学见长。

比如,作为老大的阿迪有组织能力,有说服力,有带兵打仗的愿望和技能,这些都需要感谢有个妹妹帮他磨砺!如果说哥哥一直在领跑,那么甜妞就要感谢的是有哥哥这个对手,让她一路在赶超。正是哥哥教会了她18般武艺加孙悟空的72变加孙子兵法的36计。我没夸张,甜妞真的就是从小盯着哥哥长大,同时也被哥哥盯着长大的"二把手",只是那个年长两岁的"师傅"没料到,这个"二把手"会成长得如此迅速,短短8年未到,几乎到了他掌控不了局面!

甜妞念叨着要减肥好久了,不仅写了减肥计划,还拉了哥哥做监督!阿迪在这个不领薪水的职位上特别敬业,不仅积极监督,还提议妹妹参加他和小伙伴们的更多活动,小男生还搜了很多教人锻炼的视频让妹妹练习。结果,他居然找到了怎么练习六块腹肌的视频,妹妹还未置可否,阿迪已经信誓旦旦地拉起了自己的T恤,露出自己的好多排骨说:"哥要练出六块腹肌!"

甜妞各种运动都是和哥哥学的。甜妞从生下来就看到阿迪,虽说是天敌,但同时也视之为偶像,她从会坐会爬会走开始就受到哥哥的引领和指导,到后来玩滑板车、助跑车、自行车等,身边的那个"首席师傅"都是她的阿迪哥哥！现在小妞还跟着阿迪踢足球、玩滑板、轮滑鞋、孩之宝枪战等，她的"大师兄"还是阿迪哥哥！除了甜妞学芭蕾学骑马时，阿迪哥哥没能挣到指导的角色外，其他的方方面面可以说时时刻刻都多多少少在给妹妹施加影响！

但是，甜妞也有超过哥哥的时候。通常，甜妞写作业时，遇到各种不确定情况，经常问桌子对面的哥哥！然而有一次甜妞骑马时，我和阿迪在一家咖啡厅做作业，有一个是对句子的主谓宾、定状补分别进行问答的作业，关于一个动词，阿迪有些不确定，我竟然听到他自言自语了两遍说："算了，等下妹妹骑完马我问她一下吧！"

阿迪还经常向妹妹咨询很多和马有关的问题，因为甜妞很早就抢到了"和马有关的知识专家"的招牌，而且阿迪从一开始就心甘情愿地承认了这个，每次和马有关的话题讨论或争议，哥哥总是拱手相让："好吧，我知道你是马专家！"

随着年龄的增长，甜妞越来越当仁不让，有实力抗衡哥哥了！有一次甜妞在给我看一个怎么在家里自己制作小熊糖棒棒糖的视频，每一步她都把德语翻译成中文讲给我听，阿迪就来求妹妹："下一个棒棒糖可以让我给妈妈解释吗？"

小男生的头发很长，不舍得剪掉，我游说他半天："头发是你的，你有自主权，但是看你头发的人不止你一个啊，妈妈每次看着都觉得闹心的话，你是否也应该照顾一下我这个观众的感受啊？"

然后，边上的甜妞来了一句一锤定音："阿迪，我觉得男生的发型最酷的是再稍微短一些，这样你出汗时头发也不会搭下来挡住眼睛！"

阿迪说："好吧，我去剪成短头发！"

阿迪考上中学时，爸爸说要奖励他一个罗马尼亚的假期，甜妞可以作为首席陪伴一起前往！甜妞兴高采烈地开始准备行李时，突然意识到了妈妈要单独一个人在家里，小妞马上和哥哥说对不起，然后跟爸爸说："我不去罗马尼亚了，我想和妈妈做伴儿，我们一起照顾 Jax！"

为什么不能让 Jax 去住酒店，一家人一起去旅行呢？我们都不舍得 Jax 一个啊，它三岁都没到！

关于阿迪哥哥，我认为他有男生的那种"高屋建瓴"。

有一天我觉得 Jax 好像有些安静，但不知道怎么回事儿。结果那天阿迪主动把 Jax 带到花园玩了几圈儿，回来跟我说："妈妈，Jax 只是更喜欢和人玩儿。你看我给他一个玩具，我追他跑，他可以当第一名，所以他很开心！"末了又补充说："Jax 也是男生，所以我更了解他！妈妈我不是要冒犯你们，但是你和妹妹都只会带 Jax 出去遛湾儿，他只是跑一圈儿而已。真真有趣的是你要和他玩儿！妹妹那种女生过家家玩的游戏 Jax 也不喜欢，如果你天天给我包个头巾戴个墨镜让我不准动地当模特，我也会被你们逼成神经病的！"

哈哈，小男生确实说得对，我想起有一次 Jax 趴在地板上生闷气，甜妞也气得在边上抹眼泪，就因为 Jax 不肯听她指挥戴墨镜！

阿迪其实是个小暖男，10 岁的时候已经开始给爸妈安排好了晚年生活："我工作太忙时，我会用我发明的机器人帮你们推轮椅，给你们煮饭，包括帮你们遛狗，你们只需要有个遥控器就可以了！爸爸妈妈可以在我的别墅住一星期，到妹妹的农场住一星期，然后一星期可以去旅行。如果哪里都不想去，就再回到我的别墅好了！"

关于阿迪要和好朋友 Jo 长大后一起买别墅的事情，他们已经商谈了近两年了。现在细节越来越多，连别墅里十几个房间怎么用都分配好了。阿迪还特意帮甜妞申请了一个房间，他的原话是："我妹妹不太会赚钱，缺乏经济头脑，她也买不起别墅，我们得给她一个

Part1
Part2
Part3
Part4
Part5
Part6

房间。"听到哥哥的话，甜妞高兴地跳起来了。

看他们兄妹这么有情有义，我在旁边听的差点儿泪奔了！

关于甜某人，我想说她已经不是"泥捏的猫咪"了。

阿迪考中学时找了个借口不肯去上中文课，甜妞原本也想学哥哥赖着逃课，后来我无意中打出一张牌制胜："你去上课中文就很快比哥哥的好了，下次回中国，他得让你当他的翻译，因为你中文比他好啊！"

就这么一个莫须有的翻译名额使撅着嘴巴的小妞再次去了中文课堂。

之前，小妞只有6岁多的时候，有一天把家里能找到的和动物、大自然有关的书搬了好几本到自己房间，然后一字摆开勒令我给她读："这些书读完，我的大自然常识就比阿迪哥哥多了！"看看，这就是小孩子的智慧，她明白"阅读的力量"并想用知识打败那个耀武扬威的天敌！

甜妞还喜欢邀请好朋友到家里来过夜，平时只要想起来，就会找人来一起玩儿，但她很少去对方家里玩儿，她的解释是："她们家住三楼，每次我们稍微有点儿声音她妈妈就会吵我们，另外她家里有个姐姐是个老板，我们玩什么都要听她的！"与之相比，她选择在自己家里玩儿，首先我们家没人干涉她玩什么，另外就是她们玩"过家家"，小女友每次都当她的妹妹……明白了？这是甜妞在给自己找"练兵"机会！

总之，现在我感觉兄妹俩越来越势均力敌了，并不是阿迪的战斗力在下降，而是妹妹太生猛太强大！

然而，阿迪总是有办法把妹妹变成他的小跟班。之前一起骑自行车、玩滑板车就算了，现在他竟然鼓动妹妹买专业足球运动鞋，鼓动妹妹跟他集资一起买孩之宝塑料枪，还给他打工（帮他喂鱼，帮他拿东西，帮他买面包等），想想也只能说他其实还是技高一筹的！

说起阿迪找人给他打工的事儿，差不多是他8岁时，有一段时间他总爱说他有多少公顷的森林，每次我开车外出，他都会指点着路边那些苍郁的森林给妹妹分派："这些都是你的管理辖区，你好好工作，将来我们会有更多森林！"他雇佣的不仅只有甜妞这嫡亲部队，还有他的好友托然、乔、里昂等。

这几年，两人动武的概率几乎为零了，最多偶尔一起打闹时哥哥手重误伤，哥哥手里的撒手锏现在几乎最有用的只剩下一个了，其他的对妹妹已经产生不了威胁了！——"你不是我的好朋友了！期限是2小时，或者半天，严重的时候三天！"和"我将来养一条蛇你不准看，我不给你我别墅里你房间的钥匙"等相比，不让甜妞当阿迪哥哥的好朋友，这个惩罚貌似最严重！

👑 两次当妈后最想分享的7个育儿观念

Part 1

Part 2

Part 3

Part 4

Part 5

Part 6

如果家里有一个10岁和一个8岁的孩子，我们每天需要讲多少话、需要开多少玩笑？有多少嬉闹哭喊、有多少互动交流？

也许，你只有养了两个孩子才会有机会知道。

如果家里只有一个10岁的男生，当他发现妈妈根本没兴趣聊他的星球大战时，或者当他央求爸爸半天也只陪他打3分钟的游戏时，或者当他一天很多遍地申请外出玩遥控汽车时……然而家里没有一个小伙伴，那么不得不遗憾地说，很多时候他的乐趣都要多少打些折扣。

如果家里只有一个8岁的女生，她很快就发现妈妈根本不理解她为什么那么喜欢跑火车道的小游戏，她的爸爸也不会带她玩赛车或者讲小学生才懂得的笑话……如果没有一个大哥哥，那么她估计也只能每天和同学煲个电话粥或者躲在自己房间里消

磨时光。

但是很幸运，我们家这俩孩子都有个伴儿，他们是互相的伴儿。可以相伴一起疯、一起傻、一起哈哈大笑、一起你追我赶、一起倘徉在美好的童年里伴着欢声笑语，在彼此视线里开心成长。他们懂得彼此的眼泪，懂得彼此的烦恼，懂得彼此的爱好、兴趣和特长，当然也懂得血缘兄妹情同手足、惺惺相惜。

也许有妈妈说："你是上了贼船下不来，所以才拼命地游说大家生二宝吧！"

我只能说："身在贼船上的感觉真心不赖。您看，现在阿迪能帮我拖地板，甜妞可以给大家烤蛋糕了。"

但我还是有些小失落——你可以独立，只是请不要这么迅速、这么明目张胆、这么斩钉截铁，好吗？现在我们家这位10岁的小男生，已经迅速而坚决地开创了他的新世界，他现在如果不是来找我帮忙或者来给我献宝，已经将我排在他生活里的边缘了。他自己读书，自己做作业，自己管理自己并安排自己的时间，他更大的乐趣是和好朋友一起犯浑犯"二"，或者和妹妹一起胡诌胡侃。

我眼睁睁地看着他日益强壮、日益独立、日益地给了我更多的背影……但我想，**我这个做妈妈的还是应该高兴，因为世间所有的爱都是以相聚为目的，唯有对孩子的爱是你期望他独立。**

一个孩子的成长妈妈要付出很大的精力。家有二宝，虽然两个孩子可以相互陪伴，共同成长，分享彼此的快乐和烦恼，但妈妈也应在孩子的成长中要做足准备，跟上孩子成长的节奏！

我两次在德国生孩子，感觉从医生到护士包括后来在婴幼儿抚养阶段，发现了很多和我们熟悉的中国育儿方式有些不同的方法和理念！这里简单谈谈我自己遇到的情况以及经过思考比较后想分享给妈妈们的内容。

一、生病是好事，增强孩子免疫力越早越好。

孩子出生三天回家后就该有固定的户外散步时间，这样有利于婴儿的呼吸系统、肌肤循环系统，加强各种感官的发育等。

如果孩子感冒发烧了，先扛三天。这三天里需要严密监控，尤其在深夜父母得检查孩子体温，超过39度就要使用退烧药剂，很多时候三天不到，一轮免疫力的攻坚战就胜利结束。

孩子吃多少，睡多少，拉多少，偶尔哭喊，都正常。会爬了，会走了，出牙太晚了，可以自己吃饭了，我们只要尊重孩子的自身成长节奏，父母不紧张不焦躁也不拔苗助长。要对孩子有信心，对自己也有信心！

二、睡比吃重要。

婴儿出生即"按需哺乳"，孩子何时吃，吃多少，都由小婴儿决定。规律频繁的户外活动有助于孩子获得很好的胃口和优质的睡眠。

1岁左右孩子睡得不好的直接恶果：免疫力低下，很容易感冒发烧或经常咳嗽；发育迟缓，各项生长指标不能达标；胃口不好，排泄不好或容易呕吐、拉肚子、便秘等；情绪不好，闹别人，闹睡觉，没来由的闹；对周围人和环境不感兴趣，缺少探索的愿望；喜欢哭，动不动就哭；不喜欢和其他小朋友玩儿，只粘妈妈或者某一个人；缺乏安全感，胆小，没有自信心，害怕陌生人；父母觉得很累，不仅人累，还心累。

孩子睡眠问题其实很容易解决：调整入睡时间，晚上8点上床睡觉；白天多些户外活动；保持孩子情绪愉悦，保持妈妈情绪温和、坚定。

三、做好宝宝的情绪管理。

今天你在家，有非常重要的事情需要做，但是2岁多的宝宝不断用哭闹的形式吸引你的注意，希望你陪他玩，这时你会通过什么样的方法来安抚宝贝并完成自己该做的事情呢？

先确定孩子不是身体不舒服或者犯困等，然后给孩子一个5分钟优质陪伴，就是说这5分钟里集中抚慰孩子的情绪，了解清楚孩子为什么哭闹，原则上2岁的孩子可以比较片段地表达自己想法了。先安定孩子的情绪，然后再专注妈妈自己的事情。

孩子其实很容易转移注意力，例如孩子一个人玩儿觉得无聊时，妈妈可以给孩子准备一堆彩色笔，或者各种纸张，让孩子可以动手玩色彩，粘贴或者画一个故事，都可以让孩子更好地专注自己的事情从而让妈妈可以更好地完成自己的工作。

四、关注孩子的成长发育。

从宝宝一出生，每一次新的改变、新的突破都会让妈妈惊喜万分，那么请问在座的各位妈妈们，你们觉得0～2岁的宝宝有哪几个阶段是具有里程碑意义呢？

会坐会爬都让宝贝和妈妈很惊喜，但真正让孩子的生活发生翻天覆地的变化是孩子突然会走路了。会走路的孩子，一是视野突然宽广了很多，二是自由了很多，三是自己可以探索的世界大了很多。这个阶段也是妈妈相对觉得比较累的阶段，可能一秒钟的疏忽孩子就会跑远了或者爬高了或者到厨房打开了橱柜。

五、懂得陪伴的重要性。

自从有了宝宝之后，他会成为妈妈生活中非常重要、难以割舍的一部分，那么请问各位妈妈，你们觉得一天或者一周中至少有多少时间应该陪伴着宝宝呢？非常忙碌的时候,建议用什么样的方法解决呢？

如果很多工作可以和孩子一起做的一定要一起做，例如打扫房间、折叠衣服或者遛狗，一定要鼓励孩子的参与热情，这样在无形中增加了很多和孩子的亲子时光。当孩子也乐意一个人玩玩具时，妈妈就为自己赢得了些独处时光。

我个人的经验是晚上的睡前故事是陪伴孩子的最重要的时间。孩子喜欢听妈妈读书讲故事或者聊天，这个特殊的安静时间段，可以很好地加强母子的情感纽带，也更容易让孩子感受到妈妈的陪伴和建立自己的安全感！

六、注意好习惯的培养。

宝宝吃饭不听话，睡觉不乖，平时生活中有很多习惯都非常不好，作为妈妈的你会选择在什么时候开始给宝宝立规矩呢？例如你会从什么时候开始培养宝宝养成良好的饮食及睡眠等习惯呢？你又是如何做来实现这一点的呢？

孩子有规律的作息时间和良好的生活习惯，不仅解放妈妈，更多的是他自己也会很受益。从孩子可以尝试自己吃饭时开始，妈妈基本上就要给孩子清晰的概念，例如要吃光自己的份额，吃饭时不要玩玩具，碗收掉后就不能再吃了……如果执行得好，几次后孩子就会把程序写进自己的大脑从而开始很好地执行。

睡觉也是，每天8点钟上床，听完故事，问一个问题，就需要安心睡觉，坚持一个星期孩子就会习惯了。好习惯尽量保持，不要经常因为周末或假期破例，要让孩子明白：在正确的时间做正确的事情是最好的选择！

七、必备育儿"神器"。

你的好闺密的宝宝马上要出生了，作为一名优秀的妈妈，你会给宝宝推荐什么样的育儿神器呢？你有哪些挑选育儿产品小妙招可

Part1 Part2 Part3 Part4 Part5 Part6

以分享的呢?

　　我的经验,第一要有一个优质睡袋,保证孩子不踢被子不被冻着。第二有优质的尿片,不影响孩子睡眠和玩耍。第三还有一个最省钱、最优质也最简单的育儿"神器"就是进行户外活动。足够的户外活动让孩子情绪更好、身体更强壮、胃口更好、睡眠更好、各种发育也更好!

Part 5

家里有爱的5种语言，
孩子自然情商高

👑 从每天"正确道别"开始

和孩子道别常用德语"viel spass"，它的中文直译是"玩得开心"。不知道欧美其他国家父母和孩子道别时常用的是不是也是"have fun(玩得开心)"？

"viel spass"谁都可以用，3岁孩子可以对奶奶说"玩得开心"，老师对学生说"玩得开心"，警察检查完你的驾照后知道你要去度假也会说"玩得开心"，服务人员可以对你说"玩得开心"，家长可以对宠物说"玩得开心"。

当然我使用它最多的对象是孩子，送孩子去学校，去游泳，去踢球，去小朋友家，都会说"viel spass"！每天早上在学校门口，家长和孩子道别最常用的是拥抱，吻别，妈妈说我爱你，祝愿孩子"viel spass"。孩子回答说我也爱妈妈，谢谢，再见。然后，孩子带着笑脸去学校，妈妈带着笑脸去工作。

回想一下两个孩子的幼儿园的时光，包括现在的每天接送，"和孩子道别"这件事我已经做了几百遍几千遍，这一直都是很温馨、很让我珍惜的小环节！

作为一个生活在德国的中国妈妈，我不得不说这和我们小时候或一直熟悉的方式有些区别。自从养了孩子，我这个女汉子才慢慢地习惯并从心理上觉得正常了：可以和老公当众拥抱、轻吻，能自然地说我爱你；可以和孩子当众拥抱、吻额头，说妈妈爱你，很想

你！（我知道今天还有很多人当众这样表达很不好意思）

孩子从小接受的是亲密教育，父母也好老师也好，和孩子说话时都会蹲下来，**孩子从小就看着对方的眼睛说话，所以孩子乐于祝愿别人和被别人祝愿，知道自己需要怎么回馈。**

说说我们家每次在学校和孩子道别吧。

在幼儿园最后一年，阿迪就清晰地提出："妈妈你可以在下车前或者上车后亲我额头，拥抱，但是不要让别人看到啊！"我也留心观察了下，的确大多数小男生都貌似有些不好意思被妈妈当众叫"宝贝"或者抱着亲吻了。

到小学三年级时，我们依然是下车前阿迪拥抱下我，我亲下阿迪的额头并祝愿他玩得愉快，他每次都能比较认真地说"谢谢"并再见，如果他的程序太偷工减料，我会提醒他重来。

甜小妞迄今还不拒绝和妈妈当众拥抱吻别，我也好迷恋这亲密机会，每次都使劲拥抱她，说很多很多"很爱你"，甜妞现在也很幽默了，时不时地会做晕倒状逗我开心。

再说说晚上入睡前。

看到有的妈妈说："什么时候不能给孩子读书，非要等到睡觉前？真矫情！"其实如果你和孩子从他出生就保持这样的小习惯，你就会觉得很自然，而且孩子也会很享受。听着妈妈温柔的声音入眠，这对孩子来讲不是很美好的事情吗？

甜妞是个很坚持的小妞，每天晚上都要我给她读书，我有时在楼下忙，她就一遍遍地叫我上去读书，她自己刷牙、洗脸、换睡衣、整理被子都很好，但是她就是特别享受窝在温暖的被子里听着我的声音入睡！（当然爸爸给她读书也一样）

每次都是读书前娘俩还会或长或短地聊一聊，然后是睡前拥抱和亲吻，甜妞除了要亲额头、脸颊，她还经常要求"蝴蝶吻"（用眼睫毛忽闪在对方脸上），然后娘俩还要比赛下谁爱谁更多。然后她才会很满足地调整好自己的睡眠姿势，闭上眼睛让我读书，很多时候一页还没读完她就甜美地睡着了。

阿迪哥哥很久不让我给他读书了，有段时间他临睡前听着音乐入睡。最近又换成了他自己读书，但是入睡前我还是会尽量和他聊聊天，并且拥抱说晚安。他越来越像个大男生，妈妈的角色在他的生活里也渐次地被边缘化，唯一庆幸的就是在他所有的开心、烦恼、骄傲、沮丧等事上，他还能把我当作值得信任的人坦诚沟通。

然后说说小别后的重逢。

每天放学，甜妞都会背着大书包大叫着"妈妈"扑过来，我也会把她抱起来转一圈。阿迪则是很酷地和我打个招呼，直到上了车才肯给我拥抱。

每次去小朋友家接孩子，德国父母们都会问简单情况然后蹲下来问问孩子，"玩得开心吗？告诉妈妈今天你们都玩了些什么呀？"然后才是看着孩子穿鞋、穿外套，和对方父母聊聊并重点表示感谢："我们孩子每次过来玩都很开心，谢谢你们对他这么好，下次来我们家玩儿啊！"（当然特别熟悉的父母也可以直接问对方父母孩子乖不乖，有没有惹乱子等）

如果我们把孩子当作单独的个体，我们不会当众批评他，因为那会伤害他的自尊心；我们不会当众叮嘱他，因为那等于告诉全世界他的缺点；我们不会当众呵斥他，因为那会让孩子觉得难堪，开始逆反并抵触。

请正确地爱你的孩子，真心地喜欢你的孩子。当众表扬他，

Part1

Part2

Part3

Part4

Part5

Part6

当众赞美他，当众拥抱他，当众珍惜爱护他，当众表现得为他骄傲自豪。

所有的自谦、自勉或者自卑，都是父母的修行，请别强加给你的孩子，更别把孩子当作私有物，随意地进行贬低或冷嘲热讽。

送孩子上学也好，送孩子去运动也好，送孩子去上钢琴课也好，每次和孩子开心地道别，让孩子带着愉悦的心情离开；每次和孩子开心地相逢，让孩子带着美好的心情回家；每次祝愿孩子玩得开心、学得开心，不带使命感，不带愧疚感，不带发泄感，不带怨怼、愤懑或恨意。

让我们的孩子可以愉快地成长，就是我们父母的功课和使命。

小贴士：

1. 父母要有教育界限

要改正孩子的小缺点，要对孩子进行说教，请选择没人的场合，而且是正确的场合。例如吃饭时就开心吃饭，不要把饭桌当作说教的战场；辅导孩子功课就好好辅导，不要顺便批评孩子的邋遢粗心或者丢三落四。

2. 每日努力减少唠叨

唠叨的内容和效果其实都很让孩子不耐烦，例如孩子要喝水啊，孩子要专心听讲啊，孩子别咬指甲啦，下课别乱跑了……您的唠叨不仅让自己的权威尽失，同时让孩子也因为您的无效唠叨产生更多的厌烦和抵触情绪。

3. 给孩子正确的帮助

所有的小缺点、小不足，都请耐心和孩子一点点地突破和提高，不要指望一蹴而就，孩子也不是机器人，不可能一顿棍棒后家长就一劳永逸。养孩子就像打太极，双方都有进退和腾挪，不仅有力量的交流，也有气场的契合，更多的是母子间的亲密融合、共同提高。

4. 请给孩子正确的爱

"从心里深深地喜欢孩子""从心里深深地爱孩子"，应该是父母所有言行举止的大基础。拔苗助长不是爱，恨铁不成钢不是爱，威逼利诱、声色俱厉不是爱，拳打脚踢、冷嘲热讽或者无言冷战等等都不是爱！

5. 让自己秉持正确的态度

点滴改变教育，妈妈首先成长自己。从心理上接受自己、爱自己，然后才谈得上喜欢孩子、接纳孩子。和孩子一起成长，放慢脚步和节奏，允许孩子犯错，宽容孩子走偏，接受孩子的不足，也坦然面对孩子取得的成绩或不小心摔的跟头！

👑 小孩子的情感经历请勿儿戏

场景一： 有一天中午，我和阿迪坐在车里，看到甜妞放学后气呼呼地走过来，拉开车门，眼睛里射出的怒火感觉能把车直接点着了。我一看架势不对，连忙问："这是怎么了小乖妞！"只见甜妞愤怒地咆哮了一句"阿德里安（Adrian，即阿迪），我这辈子都不会再相信你了，你把我的秘密告诉Toran了！"说着就号啕大哭起来。

我迅速下车帮小妞把书包拿下来，看她坐好后才关了车门。

我看了一眼阿迪，他像只做错事情的"过街老鼠"，面色愀然并紧闭嘴巴。

甜妞稍微喘气均匀一些后，开始叙述事情经过。

一大早在学校里阿迪就把甜妞喜欢莱昂纳多的秘密告诉了他的好朋友Toran，然后Toran就在课间休息时诡秘地问甜妞是不是真的喜欢莱昂纳多？阿迪哥哥企图争辩："我没有告诉Toran，我只告诉了汉那斯。"

甜妞一听，哭得更猛了，"你个'二'货，原来你还告诉了更多的人！"

我看形势很严峻，先安抚甜妞喝口水，稍微平复一下。然后我一面开车一面批评阿迪："你做错了三件事。一是你不应该把妹妹的秘密告诉别人；第二是你不应该把妹妹的秘密告诉别人；第三依然是你不应该把妹妹的秘密告诉别人！"

阿迪表示知道自己错了，末了貌似要将功折罪，他瞪大眼睛澄清："我还没有告诉莱昂纳多！"甜妞哭得眼睛通红："你拉倒吧你，Toran已经告诉莱昂纳多了好吧。现在全学校都知道了。你个混蛋，我以后还怎么在学校里混啊，哇哇哇……"

回到家，我先带甜妞去洗脸，小妞在卫生间又哭了半天，反正越想越冤枉，觉得日子都过不下去了！我只能飞快地想办法，建议明天早晨我和她一起去学校，警告那几个已经知道这件事的男生们不准乱说。

甜妞已经乱了方寸，先是点头说好，后来又拼命摇头说不好。

下楼后，我先安顿孩子们做作业，阿迪哥哥充分意识到了这次祸闯得比较大，就负荆请罪般一直给甜妞道歉，并提了个甜妞觉得还不错的方案：由阿迪出面，下午邀请莱昂纳多来家里，当面告诉他关于甜妞喜欢他的事都是开玩笑的。

他知道他错了，是个混蛋。现在小妞很生气，他不该和妹妹开这样的玩笑。

我看到阿迪面带100分的真诚给妹妹道歉，并伸出手说希望还能做好朋友，甜妞带着哭腔居然和他握手言和了。我觉得甜妞真的太大气了，绝对是个自带光芒的好姑娘！

甜妞做好作业，我给她泡了一杯蜂蜜茶，给她讲哥哥知道错了，男生很多时候比较心不在焉，如果你不想让他当告密者，最好的方法就是把自己的秘密藏心里，或者和妈妈分享，妈妈永远都不会把你的秘密说出去的。

甜妞点点头，说她还有个闺蜜也从来不把她的秘密告诉别人。

场景二：甜妞还是有些扭捏，下午不肯跟着阿迪和莱昂纳多一起去后面的河堤上跑步。我说："本来去河堤跑步是你的建议，而且

哥哥邀请好朋友来就是说和你一起去跑步的，你就装作啥都没发生过。这样吧，妈妈也不带Jax了，咱们俩一直在一起，然后让他们两个男生一起跑，这样行不？"

后来说好了，甜妞的确有些不自在，去程基本上一直都和我在一起跑，直到在Edeka（艾德卡）买了冰激凌，三个孩子算是又开始有说有笑了。

甜妞后来跑累了，两个男生开始滑滑板，所以甜妞就坐在我的自行车后面，我一手扶着车把，一手往后揽着甜妞的腰，告诉她一个女生喜欢一个男生是很好的事情。这件事即便别人知道了也很美，不丢人！你看你的好朋友不是喜欢谁和谁吗？

甜妞说，是的，她的好朋友都有喜欢的男生，还有两个女生都喜欢Faris（法里斯）。我有些惊讶："咦，那个Faris不是你最好的朋友吗？他不是喜欢你吗？"甜妞笑得像个男生："他是喜欢我，我也把他当作好朋友，但是他不是我暗恋的对象，他不是我喜欢的类型。"我惊大了嘴巴，一个8岁的小妞，居然能清晰判断那个男生不是自己的菜？

我继续漫不经心地问："莱昂纳多很有意思对吧！所以你喜欢他，还是因为他是哥哥的好朋友，你才喜欢他？"

甜妞心无芥蒂的平静陈述："他很有趣啊，会讲笑话，而且也不惹我生气，他很多地方和阿迪很像，但是他比阿迪更甜蜜些！"

我问她这是不是她第一次真正地喜欢一个男生？

甜妞说，是的，感觉有些怪怪的，看到他会很害羞，但是看到他也会觉得很开心。

孩子们的想象力比我们要丰富很多，但是8岁或10岁的孩子的确已经开始有了朦胧的喜欢对象。个人觉得父母不用太紧张，努力做到平静对待：不鼓励，不打压，也不嘲笑。

孩子的美好经历尤其情感经历是弥足而珍贵的！我的建议是：

1.遇到孩子特别在乎的情感问题，父母一定要多观察，多用心去聆听，少动嘴巴，少给强烈建议或者表现喜恶态度，孩子的情感经历和主动体验都很美好，希望爸爸妈妈和孩子能平常而理性地对待。

2.孩子在成长过程中，遇到问题能和父母及时沟通，能把父母当作首选的咨询对象，父母都要好好珍惜，不要辜负孩子的信任，更不要把孩子推开，信任就像镜子，一旦被打破，很难修复，而且即便修复也会有隔阂。

3.孩子的年龄越大，他们越需要父母成为朋友。

4.顺其自然地面对孩子遇到的新问题，孩子在成长，时间会给出很多答案，父母只要持理解、接纳的态度即可。接纳孩子，也就是接纳自己！给孩子最好的爱，除了陪伴，还应有更多的支持和认同！

最后，我再八卦一下阿迪的情感经历。

在阿迪5岁时，幼儿园的一个女生吻在他的胳膊上了，后来全幼儿园都知道那个女生喜欢阿迪，他后来说自己也喜欢她了，好事的我还特意写了篇博文记录了一下！后来上了小学，两个孩子分在不同的班级，一段青梅竹马的感情无疾而终。搞笑的是等到三年级，那个女生又转到了阿迪他们班级，但是这个女生现在却是阿迪的半个兄弟，一起踢足球，一起穿男生的套头衫，阿迪说她就像个男生，他们也早就不互相喜欢了。

最近一段时间，阿迪心无旁骛地和他的好朋友一起商量买别墅，甚至都画好了他们自己将来的房间里的布局，阿迪的房间里有两个角落都是狗窝，房顶上有4个监视相机，有个扫地的机器人，门口还有两个保镖，保镖的月工资为每人1000欧元。

问他为什么要和约翰那斯一起住，他说："第一，我们是好朋友，如果大学毕业我们还是好朋友，那就肯定一起住；第二，我们都想成为发明家，我们都很喜欢机械自动化，我们都很喜欢乐高，我们也都很喜欢狗狗和房间里装满监视镜头防止坏蛋破门而入；第三，如果我们将来各自结婚了，我们希望是两家人住在一起，我们的孩子还可以成为好朋友！"

10岁的小男生，思路很清晰啊！

👑 对亲友逗弄孩子大声说 "不"

您能否做到"从心底为孩子骄傲"？

当年写博客时，有个大姐养一个儿子。有一次某些小痞子欺负她儿子，回来后她铿锵有力地给孩子讲："是因为你各方面都太优秀了，那些坏孩子羡慕嫉妒恨，所以才打击你。你要记得，这些人不重要，反正将来和你为伍的孩子也会和你一样优秀！"

当时我们家阿迪还小，但是作为一个新手妈妈清晰地默记了她的策略，思忖以后自己孩子遇到此等纠结时，我也要这么正面地给孩子鼓劲！

甜妞的芭蕾班里有个小女生，哥哥在著名的雷根斯堡Domspatzen音乐学校学习。有一次和他妈妈聊天，提到我上次去给他们学校小男生拍照，可惜当时没认出她儿子。那个妈妈很骄傲地说："下次你再去，很容易找到他，记得找那个最帅的就是啦！"

同样作为妈妈，说真心话，很是羡慕这两个妈妈的那份对孩子发自心底的骄傲和自豪！

我们一直被教育要谦虚要谨慎，不要说自己不敢这么高调地表扬孩子，连人家这么表扬还难免会为了谦虚而不敢直接应承，恐怕别人说我心高气傲、趾高气扬。

这些年养孩子、写博客，得到最多的表扬就是"兄妹俩好懂事"，每次我都小心礼貌地说"谢谢"。事实上作为妈妈，我更骄傲

Part1

Part2

Part3

Part4

Part5

Part6

的是兄妹俩迄今还和父母保持着亲密的关系，阿迪细腻、敏感，懂得照顾周围人的情绪；甜小妞热情开朗，独立自信，有大度的气场！但是每次和人提到，我都有些藏着掖着，恐怕牵惹"王婆卖瓜"的嫌疑。总觉得自己家的孩子，自己高声亮嗓地表扬和赞美，会让人反感！（这其实是一种心理误区。）

可是事实上，如果从保护孩子的立场出发，妈妈不仅要对孩子充满骄傲自豪，还要在心理上把他人的负面看法或评论视作粪土。必要时，你和对方势不两立甚至拳脚相向都需毫不畏惧。

为了保护孩子，正当防卫的力量很强大、态度很坚决的，才能算是合格的妈妈！

保护孩子从对抗自己身边的家人开始。

对一干人等，只要危及孩子心理、生理安全的，不管是公婆、父母，还是七大姑八大姨，妈妈都要有为孩子出头、勇敢地说"不"的态度和勇气！

如果从保护自己孩子的角度出发，如果你不希望有一个被奶奶宠坏的孩子，那么你就得努力去保护你的孩子距离那些溺爱孩子的奶奶远一些。你可以辞职自己带孩子，你可以请保姆帮你带孩子，如果老人一定要带孙子，你是"大家长"，和你的育儿理念相悖、沟通不了的，直接告诉她，"对不起，婆婆，您先过几天清静日子，等我把孩子的规矩做好了您再回来好吗？"（每个家庭情况都不同，妈妈需要尽自己最大的努力去保护孩子，既然需要老人带孩子，就对老人的态度端正些，背后说老人的长短总是有些不合适，也影响妈妈自己的心情。妈妈心情不好，最遭罪的还是孩子。另外，辞职、请保姆只是举例，并不是鼓动大家去做自己能力之外的事情哈。）

阿迪的太姥姥、姑奶奶、外公、爷爷、奶奶都年事已高，这些人都在阿迪小时候帮我们带过阿迪！祖孙代沟也好，东西文化差异也好，育儿理念也好，这些老人和我这个妈妈基本没有大的冲突，不是我多有能耐或者我们家老人多么通情达理，而是从一开始，我那礼貌周到的德国老公就说得很清楚："老人只可以帮忙，孩子重点还是得咱自己带，尤其教育孩子给孩子做规矩，不管上班多辛苦晚上有多累，每天早晚和周末都要我们自己带孩子。"

这是我们保护孩子所做的努力！

不要让亲友或陌生人逗弄孩子，也不要因他们的态度而呵斥自己的孩子。

现在大家都在忙着要二胎，各种"老二来了该怎么办"的问题弄得妈妈人心惶惶，也弄得家里的老大草木皆兵！家里老人、保姆、邻居，甚至熟悉的餐厅领班都不经意或刻意地逗你家那个可怜的老大："你妈妈要生小宝宝了，你妈妈要不喜欢你啦！"

他们还会对着你这个妈没头没脑地说："家里要俩孩子了，你要更累了，你的苦日子就要来了！"

这些人说这些话时，其实心里都多少有些"鬼胎"，你不能给他们一个耳光，但是你可以义正词严："请闭上您的嘴，离我的孩子远一点儿。"然后回头告诉老大："不管有多少弟弟妹妹，妈妈对你的爱都不会减少，而且你还会拥有更多来自弟弟妹妹的爱！"

网上还盛传某一亲戚喂孩子吃不合适的食物以致孩子殒命的惨剧。一般是家里来客人或者去做客，亲戚们一片好意：给孩子吃个小饼干吧，给孩子一颗糖吧，只要妈妈你觉得不合适，就不要怕丢面子，要清晰地说"不要"！自己孩子的生命和健康，比你的脸皮或面子金贵1千倍1万倍！

家有婴儿宝宝的妈妈估计也遇到过类似的情况。看你家宝宝可

Part1
Part2
Part3
Part4
Part5
Part6

爱，小区里的甚至商场里的陌生人就敢直接用手摸孩子的脑袋或脸蛋，你看到那惊心动魄的尖利长指甲直取孩子面门，你这个妈妈还不快点喊停或提前把孩子抱走，那就是你当妈的失职！当初连我们家姑奶奶看有人走近甜妞，就会把孩子的童车停下，然后用两只大手挡在前面："我们家小女生见到生人容易哭，请您别太靠近了！"被人丢白眼也好，遭忍别人腹诽也好，我们应该很高兴其他人没用手摸到我们的孩子。

当然，保护孩子更不应为难孩子。家里来客人，不要强迫孩子给人表演唱歌跳舞，我们的孩子不是小猴子，他乐意给妈妈唱歌，并不意味着任何人都有荣幸欣赏他的舞姿！父母不应为了自己所谓的面子去当众呵斥孩子。而应该努力培养孩子的社交能力并使孩子树立自信心，不过这是另外一个长篇话题了！

德国有些老人也对孩子很不友好，孩子稍微有些吵闹就侧目甚至呵斥，遇到这种情况父母一定要有理有据地给老人说清楚，"我的孩子是稍微有些吵闹，但是这是公众场合，您也不能要求孩子像个雕塑一般死气沉沉！"然后告诉孩子："这个奶奶不喜欢吵闹，你们可以尽量小声些，因为这是公众场合，我们要顾及其他人！"

在孩子遭受亲友的逗弄和陌生人的侧目时，父母要给予孩子多一点的关注。

一、给孩子足够的信息：父母会勇敢地保护你。

无论孩子有多小，都要告诉他你会保护他，而且是勇敢地保护他！

有一次带小阿迪在医院里打完针从电梯里出来，一个急匆匆地跑着赶电梯的大小伙子一下子把阿迪撞哭了，我一把拉住这男人胳膊，他道歉说没看到孩子，我这个情急的妈妈说你下次要当心些，并顺势在他肩膀上拍了一巴掌。出了医院大门阿迪不哭了，哽咽着问："妈妈你刚才打叔叔啦！"妈妈抱起他说："妈妈可以保护你，可以和任何人勇敢地打架！"

其实说"打"有些言重了。那个场景我一直到现在都记得，那么小的孩子被那么大一个大男人差点儿撞翻，得多痛啊！当时拍他一巴掌就像拍自家的兄弟一样，而且我连吵他都没顾上就赶快去安抚孩子了。我举这个例子并不是说我的做法100分正确，而是想说妈妈要有第一要务就是保护孩子的警醒。

当然后来我给孩子解释了，妈妈那是情急之下动手，小朋友遇到事情还是尽量不要打架！

二、给孩子足够的自信：父母能帮你处理问题。

阿迪开学第一周遇到一个肇事的同桌，对方老是用胳膊撞他，还扬言老师再表扬阿迪他就再打，他是学跆拳道的。我强忍着没有直接去找学校和对方家长，但是几天里一直积极地观望事态发展并和阿迪一起找对策。阿迪的爸爸也告诉了老师孩子们的小摩擦。直到第三天，老师给两个孩子调开了座位才告一段落。

当时我作为刚上任的小学生家长也有些不知所措，美国的桃妈义愤填膺地指导："孩子有问题当然得回家找妈妈，妈妈就是得替孩子出头。这种孩子得给他颜色看，不然他就以为你好欺负，一定要帮助阿迪处理好这件事。孩子刚开学，不能因为一两个烂孩子影响阿迪对学校的喜欢！"

第三天放学时，我特意到班级里去认识了一下那个小男生，还约他到我们家玩儿，小男生紧张得脸都红了……

三、给孩子足够的支持：父母永远站在你这边。

有一次，阿迪"伙同"其他两个男生对抗一个小男生时，用棍子敲到对方的肩膀。对方的父母气势汹汹地找上门来，我们站在阳光下听双方孩子各讲了一遍事情的经过。原来是对方先玩棍子的，只是后来阿迪失手打痛了他。好吧，批评了孩子们不该玩棍子，先平复那个孩子情绪。阿迪的爸爸回来听了事情的经过，除了说了阿迪不该玩棍子外，还对那对父母颇有微词，说他们不该这么呵斥我们阿迪，我们的孩子不管对错，对方的父母都应该先和父母谈，两个成人怎么可以对一肇事孩子施加心理压力？！

我们告诉了阿迪，以后再遇到这类事情，要机智地告诉对方父母："请和我的爸爸妈妈直接谈！"

四、给孩子足够的爱心：妈妈永远为你张开拥抱的臂膀。

孩子刚生下来时，小脸皱皱的，除了哇哇地哭就是睡，那时你对他充满了所向披靡的汹涌的爱，他拉了，他尿了，他哭了，在妈妈看来都那么的美好。你亲他的额头，吻他的小脚丫，抓着他的小拳头轻轻咬一口，那时的孩子没有丁点儿的缺点，和你也没有丁点儿的对抗！你就想把心掏给他，用浑身的力气去爱他去保护他，尽自己所能给他提供最好的一切。

这最初的爱，就是我们的孩子得以健康成长的基石！所以，当孩子越长越大，本领也越来越多时，请不要忘记我们这最初的爱。

尤其孩子犯了错，摔了跤，或者给您惹了祸，都不要忘记张开妈妈拥抱的臂膀，因为此时孩子更需要你的接纳和无条件的爱！

五、给孩子足够的阳光和笑脸：妈妈在和你一起成长。

孩子在成长路上，从牙牙学语到蹒跚学步，到背着书包去幼儿园，再到沾惹了不少小毛病，妈妈都应该有理性接纳的胸怀，好的方面多鼓励、表扬，不足的方面协同孩子一起努力弥补。但是养孩子，比养花种树困难100倍，所以不能有急躁或者赶超的想法，顺应孩子的成长节奏，该慢的时候一定得慢下来，要记得：面对孩子时，和颜悦色比电闪雷鸣更有爱的力量！

和孩子一起成长，不仅是爱的表达和心理的支持，还应该是父母也能享受到的这种和孩子一起成长的乐趣和能量。

孩子的所有小问题，放在人生长河里都是小芝麻，妈妈要带着孩子昂首挺胸，看得更高更远，不要一叶障目或者被一个小烦恼遮挡了心里的阳光！

孩子就像春天的幼苗一样需要充足的阳光和雨露，而父母就是培育幼苗茁壮成长的园丁。在孩子成长的过程中，父母不仅仅要多浇水、勤施肥，还要为孩子遮挡狂风暴雨的侵袭，勇敢地保护孩子，让孩子生长在一个安全、充满爱的环境中！

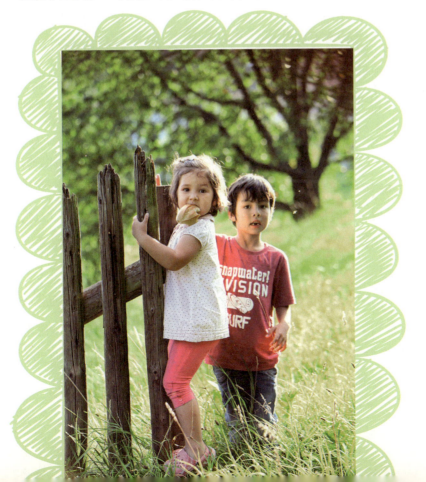

👑 成长路上，悄悄推孩子一把

Part1

Part2

Part3

Part4

Part5

Part6

阿迪小朋友从三年级开始，申请说家庭作业不再要我陪他做也不要检查了，我有些不放心地答应后，只能偶尔趁他外出时偷偷看看他带回来的作业，并稍微对他的学习情况做一下摸底。

话说有一天回家，阿迪沉痛地说："德语看图作文因为审题错误拿到了人生第一个最低分——3分（德语最高分1分，最差6分，阿迪基本都在1和2）。"

我一看，因为看图作文的4条要求有一条是"写正在发生的事"，阿迪同学把时态写成了过去式。曾经当过几年老师的我给他分析：这属于比较严重的审题错误，所以扣分比较多，不要紧，下次注意这个就行了！

傍晚阿迪的爸爸回来又用德语给他讲了一下，当时我姐姐也在，我姐姐学的是中学教育，就从老师的角度又给阿迪讲了下作文时态比较重要。当时阿迪情绪很正常，我们大家所持的态度也只是探讨，没有任何批评，只是告诉了他具体错在哪里，下次再遇到了要小心就行了！

第二天，遇到一组以"nehmen"为词根的动词的使用，而且有几个在句子里出现时是可分动词，小男生遇到几个不认识的，突然悲从中来就忍不住哭了："我的作文考3分，现在居然家庭作业也不会，我肯定考不上文理中学了……"

插播下文理中学的知识点：德国小学4年级结束分流，学生将根据学习成绩分流到三类中学——主体中学、实科中学和文理中学。主体中学通过职业教育培养技术工人；实科中学毕业生进全日制职业学校，成为中级技术人员和管理人员；文理中学毕业生才能到高等院校深造。

根据往年考入文理中学的学生比例来看，阿迪的小学基本上有30%左右，也就是说他们班级19个孩子，只有6~7个孩子可以考入文理中学。当然数字上每年都会有些出入，但基本就是这个比例。

阿迪为什么要铆足劲头考入文理中学呢？好吧，是我们多少给他讲过类似的话：想和阿sa姐姐一样上大学吗？那就要考入文理中学！想和申展哥哥一样将来可以住校吗？那也要考入文理中学！你有过当医生、开飞机、成为建筑师的想法吧？这些也都需要先考入文理中学！阿迪小朋友就想当然：我一定得考入文理中学，不然其他的啥都干不了！

回到阿迪不会使用"nehmen"的话题。我搬出字典，把分别搭配了ab,aus,auf,be,ver等前缀的10几个动词都查了用法和例句，然后再一起把那段内容正确填空：什么病人要吃药了，渔夫取走了鱼，月亮盈亏了，警察审讯小偷了，还有提姆下决心把字写好……都用的"nehmen"词根。现在我也彻底地认识了这个词了。

在孩子学习的过程中，不仅要引导孩子，使他们掌握更多的学习技能，我们还应该在必要时悄悄地推他一把！

关于阿迪的德语学习，在他一二年级时我就发现他的小弱点：拼写单词容易漏写字母，尤其"ie"容易丢"e"，"g"和"d"，在拼写时因为读音类似经常搞混……我个人觉得就是因为他们一直没有生词听写练习。说起来奇怪，从来没见过他们学校有单词听写练习。所以我就想让他在阅读上更仔细些，把听写这一块欠缺补上去！

而背诵能解决的不仅是阅读，也可以顺带把听写内容跟上，会背了再默写一遍，什么知识点都掌握了。但是德语的背诵也好少，德国老师不要求，我这中国妈干着急，因为阿迪从6岁半入学就会梗着脖子和妈妈说："老师说了，读一遍就可以，你为什么让我读三遍，我要听老师的就读一遍！"

我还得插播一下德语的平时阅读：阿迪一二年级，我每天都检查他的作业本，经常看到一张纸，一般上面都是一篇科普文章或经典文章，要求是读一遍！

我每次都是让阿迪读一遍，然后我再和阿迪一起读一遍，并且故意读错几个字，第三遍让小朋友通读一遍，一般第三遍他已经读得很流畅了（如果按照老师要求只读一遍，他是磕磕巴巴的！）。只要老师要求背诵的，每次我这个当妈的就热火朝天地和阿迪把要背的内容背得滚瓜烂熟！

以我个人学习经历来看，背诵对孩子来讲是个很好的学习方法。不仅让人记住需要掌握的内容，还让人越背越容易，记忆力越来越好。好几十年过去了，儿时背的那些古诗文如今想起来还是那么郎朗上口，尤其中学的文言文背诵是我的强项，几个班级的同学和老师都知道：当天学的古文，第二天肯定都熟练地背下来了！（阿迪舅舅小时候有次课文没背会，他的老师还嘲笑他：你的姐姐那么会背课文，你怎么没向姐姐学习呢？）

不知道多少同学还记得小时候背诵过的《核舟记》《琵琶行》《茅屋被秋风所破歌》，好多句子段落我现在还能背，而且小时候背会的东西，貌似好多年都只是睡在记忆深处，无论何时你想起来都还是一副鲜活的样子，甚至你还能顺便记起你背这些内容时的情形或者那憨憨的儿时同桌……

那次阿迪要背诵的是"DasFeuer（火）"，明显三年级的内容级别高了很多，很多的象声词我也得查字典，但是读了一遍我就发现这篇文章是从五感来描写火的：先是用耳朵听，然后眼睛看，再鼻子闻，最后感受热气。后腰再简单总结下，最后一段抒情收尾！

老师说每个同学可以自己选背诵多少，有选一段的，也有全选的。阿迪选了背诵三段！

三天背诵时间，阿迪直到最后一天才想起来要背（家长不检查作业的结果，不过这次也纠正了：以后类似需要三天完成的作业，最好第一天就完成，最迟第二天完成，不允许拖到最后一天！）

到我做晚饭时，发现他还在磕磕巴巴地背，我说你写一遍吧，一下子就记住了。小少年还不肯，说是让背的，我就背，不用写！

背就背吧，妈妈一面煮饭一面稍微提醒下，倒是三段很快就背会了！

我有些虚荣心，因为知道有的孩子选择了背诵全部，所以就鼓励阿迪也背诵全部，要不再加一段也行。

说到让阿迪背第四段，把小伙子急哭了："现在都晚上了，如果我背会了第四段，然后把前面的三段都忘记了怎么办？明天老师让我背，我只会第四段不会前三段。我不要啊！"哇哇地干脆哭了。

我说："你忘记咱们怎么学习'nehmen'了吗？你一开始也是急哭了对不对，后来妈妈帮你不仅找到正确的方法，还帮你做对了全部作业，所以妈妈保证你背第四段时不会忘记前三段的，妈妈以人格做担保！"

后来我又冲锋："好吧，我来背第四段，如果妈妈两分钟里背下

Part1
Part2
Part3
Part4
Part5
Part6

来了，你也就试试，如果妈妈没背会，你也不要试了，你现在看着表，我来背！"第四段我当然很快就会背了，不就是感觉火热的两个句子么，一分钟的时间都富余好吧！

结果我背了第四段，阿迪也会了第四段。小心翼翼地从头背一遍，发现一、二、三段会背的句子都没有丢，小伙子破涕为笑："妈妈现在4段我都会背了呢！"

看他有些惊奇自己居然第四段也会了，我趁热打铁："最后两段你看也就是几个总结句子，所有的词你也认识，干脆一起背诵了得了。"

阿迪这次明显地不抗拒了，通读一遍，想着看一遍，第三遍就会了。

我为什么要推阿迪一把：

阿迪是个敏感好强的孩子，敏感是说他不管干啥都有自己的观察判断；好强是说他不仅希望自己做到最好，还要保证自己有把握做到最好。有时就为了这种"有把握"，他宁愿选择不出手，背课文也一样，老师说可以全背也可以少背，他选择了背三段因为他觉得全文太长了万一他背得不够好怎么办？保险方法就是少选，就背三段，三天背三段，肯定没问题！

我了解阿迪这个特点，所以就想不露声色地让阿迪明白，他的能力其实已超出他已知道的有把握的范围，这就是心理学上讲的"comfortzone（舒适区）"，我带他离开了他自己的舒适区，所以他会抵触，会胆怯，会焦虑。但是这个舒适区一旦打破，他将走向自己的最佳表现区，迎接的就是自己的人生小进步。

会背课文后，阿迪的开心溢于言表，马上跑到客厅去给爸爸背一遍。

妈妈乘胜追击："妈妈今天的帮忙是不是让你很开心？你以后读书时还需要妈妈帮助吗？"他有些不好意思地点头："是的，我以后还需要妈妈的帮助！"

这仅仅是一篇课文，我觉得阿迪还得到了全新的自信体验：原来我可以做到，而且做到后的感觉是如此的好！我相信，下次再遇到类似的背诵，他不仅会选择背整篇，还会信心十足地选择背整篇。

关于悄悄"推一把"，个人觉得时机和力度都要摸索，另外妈妈和孩子的性格都不一样，就像我老公觉得阿迪考到三分也没啥，会背三段也很好了。但是阿迪他自己包括他的妈妈都觉得他不应该只考三分。

曾经尝试过给他找个榜样，"你看那个保尔，他读很多书，所以他的德语就很好啊"。没用！因为阿迪和保尔根本就是不同类型的孩子，而且他说保尔读书是很好，但他很无趣，他都没什么朋友。

我也尝试把自己的学习经验教给阿迪："妈妈背课文都是先读一

遍，理解了然后再想象一番它们的样子，然后就会背了。"阿迪说："妈妈，我背课文我就想句子，您别让我想火的样子，一想火的样子我就啥句子也想不起来了！"

　　好吧，这只是孩子成长路上的一个小记录，没有任何对错，所实践的方法也不会说适用所有的家长和孩子。我只想说，**养孩子真的就像打太极，双方都要有进退和腾挪，不仅是有力量交流，还更讲究气场的契合和互补，当然最好境界应该是母子间的亲密融合和共同提高！**

Part1
Part2
Part3
Part4
Part5
Part6

182

👑 警惕，孩子的朋友过多

有一段时间，阿迪经常会和众多小朋友一起疯玩，性格变得乖张浮躁、以自我为中心。他不听妈妈的话，经常会急吼吼地嚷别人，故意地嚷叫。经过三周的纠正，他才可以又安静地画画，玩乐高，和妹妹读书，或者和家人聊天了！

我们一般都苦恼孩子不爱说话或者小朋友比较少，但阿迪这种朋友过多的现象，我在此分享，一来是给自己提醒，二来是让其他妈妈也可以多留心，必要时早些为孩子踩刹车。

在德国生活多年了，可以说我的社交圈子很大一部分得益于阿迪的好人缘。学校老师喜欢他，孩子们喜欢他，随着和小朋友的互访增多，很多家长也很喜欢他。这对我来说都是可遇不可求的正面奖励，自是开心、感激和惜福！

但任何事情都需要度，越过了分寸就会有负面的影响，阿迪的好人缘也不例外。

作为家里老大，他天生就有个小部下，所以从两岁开始这个小不点儿男生就懂得去争第一，去领导别人。随着年龄的增长，心智的相应成熟，该小同学这方面的能量也得以强化。德国妈妈们都比较慢热和保守，但有好几个妈妈都来友好地"投诉"："我们家儿子天天把阿迪挂在嘴巴上，阿迪玩什么，他也要玩什么！"

我尴尬地知道，至少有四五个小男生天天在家里磨叽要买阿迪

那样的bay-blade（陀螺），买一个还不算，还接二连三地买。每次有家长来问我，陀螺在哪里买的，多少钱，我都感觉自己像个二道贩子，恍惚觉得自己的儿子是不是拿了玩具商的回扣。

再说足球，阿迪是观察了好几次才决定踢足球的，慢慢喜欢上以后就伙同家长游说他的好朋友Toran一起去踢球，后来又拉了尼克，三个小男生每周二去踢球，平时想起来就要约着一起去练习！

他自己说平时在学校的户外时间，如果老师不在，他就是chef

（老板）。他的老师也讲，阿迪是个很好的小帮手，小朋友尤其是小男生们都听他的，他说话很有逻辑，有领导能力！

从正面想，这都是好事，这说明阿迪拥有了自己的影响力，但是你一转念就明白正是他意识到了自己的影响力，所以才渐次地膨胀，并且开始不知天高地厚起来。

我最开始意识到这个问题是缘于阿迪的一个盲目崇拜者，这个小男生很爱说些怪话，而且很容易被阿迪利用，例如他在我们家玩儿时，阿迪会伙同他，两个小时里把甜妞惹哭七八次！

开始我也是治标不治本，扬言罚阿迪两星期不准邀请该小朋友来玩儿。再后来，一周里连着两个下午我们家都像幼儿园，最多的时候6个孩子，管理小朋友，给他们吃喝都没问题，最大的问题是我惊愕地发现，阿迪被一群小孩儿围着，他不仅颐指气使，还嚣张膨胀，公然挑衅妈妈的管理，说些乱七八糟的怪话，向我扮鬼脸。

前后一联想，猛然醒悟：**咱家那个原本懂事的小男生，现在已经膨胀浮躁得没有了自己原本的样子。**

阿迪每天都邀请小朋友来家里玩儿或者去小朋友家，甚者一次邀请好几个小朋友，原来我都照单全收，现在发现了不妥，有一天6点了，他还想去Niko家玩儿，被我制止后娘儿俩发生冲突，爸爸最后出来定规矩：每周最多两次互访，其他都是家庭时间。

真正的战争爆发是那次Niko来玩儿，当时还有另外两个同班小男生在我们家。很快我就发现，阿迪有些"欺负"落单的Niko，因为他们三个天天在一起，所以有很多暗语，当Niko听不懂时，他们三个就一起公然哄笑。

那天晚饭时，我给他讲道理：你作为主人应该怎么招呼你的客

Part1

Part2

Part3

Part4

Part5

Part6

人？你不能伙同其他孩子欺负另一个，你还记得上次你在Felix（费利克斯）家玩，Felix也是和另外两个哥哥玩不带你踢球还笑你网球打得很怪吗？你当时都气哭了，你知道Niko今天也和你一样的遭遇吗？（三个哥哥都有网球训练，所以网球打得好，Felix和他的好朋友不肯带阿迪玩儿，说阿迪玩得不够好，他气哭了，不过哭过后加上妈妈的讲解，他有些艰难地想明白了。）

晚饭时讲这么一大堆，结果晚饭后都7点钟了，他还想去Niko家玩儿，被制止后他跳起来嚷："我就去玩两分钟也不行吗，Man？"后来爸爸介入，限定了他每周和小朋友两次互访的规则，而且每次只能邀请一个小朋友！

讲明了道理，听懂了但是不情愿。后来我也给了他一个坡让他下驴：每周两次他可以自己定日子。他想半天，说周一和周五，其他时间和小朋友不走动。

阿迪的秩序感比较强，听懂了，尤其是自己想明白了，基本他就能遵守了。所以连着三个星期，他都执行得很好，周一周五和小朋友玩儿，其他时间他不哼唧也不叫嚣，加上正好申展哥哥在家，所以我们下午都会有些户外活动，小男生像一匹跑偏了的小马，被家长慢慢又拽了回来。

孩子朋友多，和不同的人友好相处，都是好事情，但是也不能过多，没有了独处时间，尤其是不能因为天天被其他小朋友围着，整得他自个儿没了方向，这时，需要家长及时纠正！

👑 请不要帮孩子"打破规矩"

熟悉我的人都知道，这个女人是个懒人，一是会偷懒，二是会在偷懒的途中打破规矩。会偷懒我就不明示了，任何东西只要认真做好了第一次，那么第二次再做，肯定就会琢磨怎么省事省力。正面表扬是灵活聪明，反面斥责就是偷懒。

在打破规矩的过程中大脑就会飞快地旋转，怎么在第一时间内解决掉问题。既然是想主意，肯定就免不了左冲右突，触碰底线。好在我有些良知而且能力有限，至今还没干过什么害人害己或祸国殃民的坏事。

很多时候规矩都是给陌生人定的。中国是个熟人关系社会，有熟人、有关系就代表着你有解决问题的能力。我一小老百姓，在没有熟人、没有关系的情况下，努力去想些投机取巧的办法，而且在不伤害他人、不影响大局的情况下打破些规矩，大概罪不至于死吧！

读大学时，在电台工作的主持人史大哥帮我谋到一张法制报社的《采访证》，其实这个烫金字的小本本，在我混迹的时尚领域能派上的用场的可能性并不是很大，但是它却在帮我"打破规矩"时发挥了些功用！

有一次"五一"黄金周去上海的普陀山，去时提前买船票很方便，回来时却差点儿被滞留到岛上。因为假期后游玩的人都要回上海！需要解决问题就是得买到船票！大家都在大厅挤，我就迂回到

Part1

Part2

Part3

Part4

Part5

Part6

后面的办公室，立马看到一"媒体接待"的牌子，很是镇静地去解决问题：掏出证件，说明难处，得到批示，拿到船票，在船上睡一晚，天亮准时赶到教室上课！

还有一次，大学老师带我们去云南采风三周，在去云南之前，学校和老师就托了很多关系买卧铺票，结果还是有七八个同学没拿到那年头超级难弄的卧铺票！回程时，在昆明我斗胆一人离开大部队去石林玩了一天，然后在昆明火车站的站长办公室弄到了卧铺票从云南回到了上海！

你可以指责我投机，也可以嘲笑我滑头，但是在那种场合就是充满了这种貌似不可能但事实上却可以解决问题的例外。我当然可以很老实地墨守成规，然后在黄金周的旅行人潮中被扔在普陀山，或者挤着站票从昆明回上海（如果我没记错，那时慢车需要两天三夜！）

这两件事都是在1995年左右发生的，您也别再骂我钻空子或指责媒体人员的特权了！那年头，第一我不是媒体人员，第二我后来真的成了媒体人员了，如今这些所谓的便利和特权反而都用不到了，因为后来大家都买飞机票了，飞机票的卧铺——头等舱，只要给钱，谁都能买到。

不管是在国内，还是在国外，不管是黄种人还是白种人，不管你是操持中文，还是使用外语，人性都是一致的。别说外国人没有人情世故，其实只是他们的表达方式和咱们不同而已；别说德国人定了规矩就没有例外，不是，如果你认识某个人，他会在可以回旋的余地内帮你开绿灯，当然前提是不要殃及他的利益，不要触及他的底线。

但是，在育儿过程中，我们应该教育孩子要守住规矩，不应该因为孩子的喜恶使他们学会投机取巧。

那次在沃尔夫斯堡的汽车世界，按照规定不满5周岁的小孩不可以参加实地迷你车驾驶并获得驾照。对当时只有4岁半的甜小妞来讲，她觉得自己的驾驶培训成绩都很棒，而且那里的阿姨也说她会开车了，为什么现在哥哥和别的孩子都可以去开汽车、去拿驾照，就自己不可以呢？

对这么无助的孩子，我是可以讲道理：按照规定你的年龄没有到，你不能开是你活该，你不要哭了，眼泪没有用！

作为一个妈妈，我当时也有些小情绪：因为每个孩子成长不一样，有一个5岁的孩子还没有甜妞个头高，力气也没甜妞大，汽车开得一塌糊涂，但是他可以去实地驾驶，只是因为他出生比甜妞早半年？

但是，我觉得让甜妞哭哭挺好的，孩子的负面情绪需要发泄，一个4岁半的孩子，我不让她哭，难道让她像她娘一样，对着俩工作人员很没用地谄笑吗？

让孩子哭，并不是让她耍赖撒泼，眼泪可以排毒，哭一哭孩子就好受了。道理妈妈可以稍微晚一些再讲，孩子容易听进去，而且情绪平复了，也更容易接受各种解释。

甜妞整个过程其实哭得很有节制，她只是趴在椅子上，哭得眼睛都肿了，但没有恶语相向，没有满地打滚，没有恶狠狠地对着工作人员乱喊乱叫。她只是在妈妈默许的情况下哭了20多分钟而已！

从甜妞开哭到后来她哭够了自动停止，边上很多家长，都很同情地看着她、安慰她："下次等你5岁了就可以再来了！"但大家也都是耸耸肩膀，爱莫能助。规矩就这么定的，孩子得遵守规定。作为解决问题型的妈妈，我当时立马想到了两个方案：一是孩子的生日是我报的，多报半岁不会有人知道啊！二是我们等这两个工作人员换班了，下午可以再来试试啊！

最终，这两种方案，我都没有做。**一个原因是不想让孩子这么早的就知道"原来可以打破规矩"，另一个原因就是让孩子必须学会接受现实："很多事都不以自己的意念为转移"。**

其实甜妞觉得哭是很丢脸的事情，例如她哭的时候从来不让拍照，所以都是掩面而泣。阿迪哥哥是真开心，摩拳擦掌地等着上场。

后来妈妈在外面给哥哥拍照，佩德拉带着甜妞又去学习了一遍模拟驾驶，小妞这次拿到一张驾驶记录卡，小脸上也就阴转晴了。

那天我的微博上有人留言说："规矩是拿来守的，不是拿来破的！"

我很认同，平时教育孩子，连自己立的小规矩都不肯孩子冒犯，怎么可以反过来怂恿孩子去破汽车世界立的大规矩呢？

很庆幸我这个解决问题型的妈妈，就是因为孩子的明亮眼睛，而没有去使用小伎俩投机换取孩子的笑脸！也算是自己养孩子道路上的一点儿小进步吧。

Part1

Part2

Part3

Part4

Part5

Part6

👑 给多少零花钱是个问题吗

看到一个关于德国孩子零花钱的调查，原来这里居然有差不多一半的孩子根本没有零花钱，还有很大一部分是每天1欧元的零花钱。

我们德语老师的儿子16岁，她说每周孩子的零花钱是10欧元！德语老师和我的老公都提到同样的问题：孩子为什么需要零花钱？给他们买烟抽？

的确，孩子上学的相关费用父母全管了，每日交通有学生卡，从家里带饮料和点心。生日啊，节日啊，随便你什么愿望就都能兑现了（德国送礼物前都会问及本人愿望，所以送的都是孩子想要的）。

因为鼓励自力更生，孩子想要钱，可以啊，帮爸爸到花园割草吧，帮邻家小孩子补习功课吧。小女生，几乎每个都是babysitter（帮人照看孩子），包括额外整理自己的房间，遛狗，帮邻居收信收报纸等，大人们多少会给孩子一些奖金，额度或频次都很灵活机动。孩子们的零用钱如果有累积，就会去银行存起来。

原来我们家有只老猫，阿迪爸爸出差时，阿sa姐姐的好朋友Lary（拉瑞）每天过来一次给猫咪喂食，一般两周我们给她15欧元。小姑娘很开心，每天有任务，每天有钱赚！当初我考驾照，需要上急救课，也是Lary给我当翻译，小姑娘很上心，把重点的词汇都先翻成英语并打印了出来，半天时间，我给了她20欧元作为感谢费，小妞欣喜地直说"谢谢"。

我想孩子们开心的不是钱多少，而是开心自己可以挣钱了，这感觉比数字重要。

阿迪在邻居Peter一家出去度假时，曾经在我的帮助下帮他们取信并给他们家的花草浇水，10多天，他每次都很积极，会主动去完成任务！Peter问他是希望挣零花钱还是礼物？小男生说礼物吧。Peter就给他买了个两个手动小人踢足球的小盒游戏，阿迪很欣喜，说是自己挣的礼物。我想这和他过年过节收到的礼物，感觉肯定很不一样。

我认为，从6岁开始，可以帮孩子建立起一些金钱概念了。

有一次阿迪爸爸给兄妹俩每人带了个小钱包，阿迪和甜妞两个人就天天开始搜集钱币，阿迪知道要纸币，给他5欧元，他不懂是多少，我们就告诉他这张纸可以帮你买7个冰激凌（7毛一个冰激凌球），小男生懂了，对那压底的5欧元爱惜不已！

后来，我们告诉他，你还可以自己挣零花钱，帮爸爸洗车，帮妈妈吸地板。小朋友问多少钱一次，妈妈说每次1欧元，如果做得好，可以考虑2欧元一次。小男生嫌少，我说你做两到三次就可以挣5欧元了，小男生一听，就很开心地答应了。

后来我们就常用冰激凌做度量衡，例如他帮妈妈还掉购物车，取回的零钱1欧元就权当奖励他积极帮忙的。我告诉他1欧元可以买一个冰激凌还剩下3毛，如果下次你再攒1欧元，就几乎可以买3个冰激凌了，小男生一听，积极性陡增，回到家就去门房和厨房四处搜集硬币。

德国使用很多硬币，最大的2欧元，还有1欧元、5毛、2毛、1毛、5分、2分、1分。是的，真的有很多1分、2分，所以每次超市或购物回来，爸妈都会随手把小硬币放在小盒子里，现在，在哥哥的带动下，甜小妞也懂得飞快地去抢硬币了。

上次我们分别把兄妹俩巧取豪夺的大小硬币带到银行存起来，

 Part1
 Part2
Part3
Part4
Part5
Part6

我发现哥哥比较聪明，搜罗了不少2欧元1欧元的硬币，存到他账号的一次有50多欧元。甜妞不是很上心，也不知道挑拣大小，所以只有30欧元不到！

兄妹俩都有自己的银行账号，当他们看到自己的名字，以及他们现在有多少钱在账户便觉得很欣喜。阿迪说等将来存好多好多钱，可以买他自己喜欢的乐高，想买多少买多少。

曾和一个朋友聊起孩子们的压岁钱，说到在国内，例如上海，每年给孩子的压岁钱数字都不小，动辄都是数千元上万元，一般估计都是父母帮忙存起来！孩子对这么多钱应该也没有啥主观认识。在德国，家长们会把孩子节假日得到的钱和自己挣的、自己攒的零花钱都很认真地对待，例如有时候需要孩子动用自己小金库里的钱去给奶奶买个礼物，或者是给自己买想要的某个东西（原则上是家长认为属于额外支出的）！

有一次，在给小朋友买生日礼物付账时，一个排在我前面的小男生特腼腆地说，他花的时间会比较长，请原谅！原来他在给朋友买生日礼物，付的是存钱罐里的零钱，得数老半天！收银员，他的妈妈，包括我这个观众，都面带微笑等着他在那里1欧1毛1分地数，直到数够了13块5毛。之所以记得这个数字，是收银员和妈妈都在帮他数，说他还差多少才够13块5毛。

在超市也经常会碰到妈妈买单之前，有小不点儿孩子拿着几个硬币，在付自己的糖果钱！收银员都会认真地数零钱，然后再打出收银条给孩子。这些成人的认真态度有力地帮助了孩子们渐次懂得一些关于金钱的概念。

我们住在民风比较淳朴的巴伐利亚，这里的孩子们吃的、用的都很普通、实用。如果孩子有郊游或外出活动，家长们会为孩子准备好点心和饮料，然后给孩子1欧元或2欧元作为零用钱。比如，阿迪他们去动物园，大热的天儿，我就给阿迪书包里塞了5欧元，一个负责陪同的家长瞪大眼睛告诉我："太多了，孩子如果乱花了，或弄丢了，都不合适。"

关于挣零花钱，小女生开悟的到底比较早些。邻居家的小姑娘，8岁不到，就负责每天给家里的兔子到后面田野去采青草，每次2毛钱。小姑娘说她有个表格，每次完成了就画个"x"，每周7天，妈妈一把给她1欧4毛。攒得超过10欧元、20欧元了，妈妈就带她到银行存上！她的哥哥12岁，负责帮助邻居家老奶奶购物，每次按照奶奶给的购物清单如数买回来，奶奶会奖励他2到3欧元（取决于买东西的多少），然后妈妈会再给哥哥奖励1欧元！

再大的孩子，像阿迪19岁的大学生姐姐，除了学费和买衣服等大笔的支出（例如买个新手机或者去澳大利亚的机票），其他的社交支出，包括买生日礼物，参加聚会或者和同学一起的短途旅行，时间和费用都是自己筹划，她除了帮中学生补习功课有收入，还有周末打工，或者棒球赛时她帮忙验票，都有收入。

所以说，我们要在孩子很小的时候就培养孩子的金钱观念，不能一味地给孩子零花钱使其肆意妄为。教育孩子要通过自己的劳动获得报酬并学会如何支配零花钱，这样的零花钱才更加有价值！

Part1
Part2
Part3
Part4
Part5
Part6

请善待孩子的想象力

甜妞喜欢钻在妈妈的电脑桌下面玩。有一次小人儿操作不当，碰了脑袋，小妞立马号啕大哭，钻出来告状："啊哦，哥哥撞了我！"

我憋着笑，请她再说一遍。

她愣了一下，有更多的懊恼："妈妈，是桌子撞了我，不是哥哥！"

曾读了一篇德语文章，说2~5岁的孩子都会撒谎，但事实上他们的谎话一开始多为他们的想象。直到偶尔他们发现，某些谎话可以无意地制造某些对他们有利的局面，例如避免了一次责骂或者逃脱了一次惩罚，下次他们才会再次尝试说谎。

孩子的想象（"白色谎话"）有几大类：

一、为了推卸责任或撇清干系。 5岁时的阿迪和3岁时的甜心都会使用，例如阿迪夸海口说以后再也不打妹妹了，但他自己都知道

自己做不到，如果他又打妹妹了，我们会问你不是保证过吗？他有时为了避免受到责难，就会本能地撒谎说根本没有打妹妹！这类谎话一般只要妈妈脸色一嗔再问，他就不敢抵赖了，基本没啥大事，及时说教一下即可，并且每次都会强调一下：诚实的孩子将得到奖励和喜欢。

二、和自己愿望相关的想象。5岁之后阿迪基本上比较少说这种谎话了，他已经能分辨使用"将来、如果"等词汇来表达自己的想象了！但那时甜妞还处在混沌状态，例如她会说："明天我不想去幼儿园了，因为我觉得我会肚子痛。"或者哥哥只是轻轻碰她一下，她会扩大事态，哇哇哭着让妈妈去吵哥哥。

三、在电视、绘本、事实的基础上加以延伸的想象。阿迪和甜妞杜撰的"故事"，多多少少有些内容是已知的，然后再添加未知的。小时候，阿迪经常和他养的荷兰猪说话，说他能听懂动物的语言，然后就听他叽里呱啦一阵乱讲，再一本正经地用我们听得懂的人类语言演绎一番，十分有趣！甜妞也会对着她的小马或芭比进行角色表演，有时是好朋友的甜言蜜语，有时模仿爸爸妈妈的训斥或说教，超级搞笑。

对孩子们来讲，任何事物都是有生命力的。

阿迪抱了一块大石头，说要抱回家。我只好说大石头会想他的伙伴的，小人儿觉得有道理，然后把它放在一个大石头边上，说："这里都是你的好朋友，你们一起玩儿吧。"甜妞则对那堆石头挥挥手："再见，大石头，下次我们再来看你们哈！"

祈愿他们纯粹的童稚多存活几年吧！

甜妞想象的东西基本都是粉红色的，比如她说要买个粉红色的跑车送妈妈去上学，要养一只粉红色的小狗，名字叫Roli（萝莉），而且是个小女狗狗，她想象自己是个公主，但不是住在城堡里的。

阿迪的想象夹杂了很多卡通情节，糅合部分事实依据，然后再添加自己的推理，讲述时还再加以语言润色，渲染得相当有感召力，所以经常想象自己是个超人，可以帮妈妈打坏人，或者自己有翅膀，可以飞来飞去，但他很小对现实的东西已经有概念了，例如他知道回上海必须乘飞机，而不是自己飞回去！

因为，俩孩子一起成长，遇到状况后因为天然有个可以推卸的对象，调皮的孩子就难免开始钻空子！从培养孩子正直、敢做敢当的性格来讲，我们从一开始就应遏制他们，让他们互相揭发这种不当陋习！

有时阿迪会来检举妹妹又在楼上干什么坏事了，我们会问他："你为什么不先去告诉妹妹那样是不好的呢？"这样，一是不鼓励他这种行为，二是到楼上查看犯罪现场时，也从来不提哥哥告密，从而避免他们兄妹俩产生互相指责和怨怼的不良情绪。

甜妞是个小天使，但小天使也会做些小坏事，她也会试图歪曲事实或者邀功领赏，她也会装模作样地允诺哥哥等她有钱了，给哥哥买个赛车场。每当有小纠葛时，她经常利用这个莫须有的支票，"哥哥我不和你好了，也不给你买赛车场了！"有时哥哥接受她的要挟，还给她一个玩具或者给她道个歉，甜妞就立马换上笑眯眯的璨颜，"哥哥你还是我的好朋友，我还给你买赛车场。"

虽说他们的情绪都是烟云般的"过家家"，但我还是觉得这种功利性未免太赤裸裸，就会稍微纠正一下，告诉他们即便互相生气，哥哥妹妹还是好朋友的，不要动不动就拿赛车场或者芭比娃娃做要挟哈！

孩子有一辈子的时间去学习，但真正可以让他们心无旁骛、自

由自在的成长时光，和他们的一生相比，真的很短暂！做父母的有能力、也有权利，保护我们的孩子多享受一下童年的快乐。我们要保护孩子的想象力（当然也要小心判断孩子所谓的"白色谎话"成分，尽量不用棍棒扼杀）。

我们可以鼓励小人儿使用自己的想象力，允许他们胡思乱想或者胡说八道，可以像做游戏一样引导他们更丰富的想象力。比如，多看绘本，鼓励孩子们涂鸦，允许他们乱画，然后多讲故事，锻炼孩子的语言组织能力、逻辑能力，以及天马行空的想象能力。

有机会，多带孩子外出，多带孩子接触大自然，允许他们接触小动物，尝试把动植物都当成生动的人物来培养孩子们的情趣！去参加各种活动或参观博物馆，除了可以让孩子接触新鲜事物开阔眼界，也同时会拓展和激活他们的想象空间。

遇见孩子就是遇见更好的自己

Part 1

Part 2

Part 3

Part 4

Part 5

Part 6

198

Part 6

妈妈活得精彩美好，
孩子自然会跟随

♛ 育儿路上，请先成长自己

2005年年底，我第一个孩子的出生，使我的生活翻开了崭新的篇章！

有了孩子的生活和没有孩子的生活从心理上讲真的有很大不同，那个小不点儿能让你的日子天翻地覆，能让你目瞪口呆或者手足无措，甚至抓狂崩溃！

但是，也是这个小不点儿，让你瞬间拥有了巨大的能量，尤其是激发了你的各种潜能，原来你从不知道自己原来可以如此有耐心、有斗志、有天不怕地不怕的勇敢。

如果说你是一个优秀的妈妈，那么，你之所以成为今天的你，孩子的功劳绝对不容小觑！

我年轻时学的是画画和服装设计专业，但像一匹桀骜不羁的黑马，呼啸着闯进媒体圈，从杂志社的记者编辑开始干，然后到北京的《中国企业家》杂志锻炼了两年。之后的8年，一直在上海电视台的星尚频道工作。周围的人一直都觉得我是个雷厉风行的事业型女性，我也曾经一度认为即便有孩子了，也不可能撂了工作去做全职妈妈，因为我肯定干不好全职妈妈的工作。

而事实上，从2010年夏天辞职后整整6年，我当仁不让地做了6个365天的全职妈妈工作。每一天都没有懈怠，每一天都没有虚度。和工作领域给我的报酬和表扬相比，全职妈妈生活带来的感动、

Part 1

Part 2

Part 3

Part 4

Part 5

Part 6

幸福和成就感，反而更让我觉得切实、可靠和绵远。

养儿育女小10年了，从个中的摸爬滚打里，我明白了很多道理。

一、快乐是一种能力。

不因为对比他人而埋汰自己的美好心情。不因为他人的过错而惩罚自己。

告诫自己不与人交恶，不结孽缘，如果真的不幸碰上了，记得速速全身而退。单位同事也好，一般朋友也好，甚或博客读者，总会有和你气场不合的，或看你鼻子不是鼻子眼不是眼，或觉得你对他不够崇敬和膜拜，或者耻笑你那浅白的虚荣和卖弄，说到底，都属于话不投机者，千万别恋战，更无须费神证明给他看，你对他的最有力的回击是"你不配，看我的好戏"。

即便和人交锋，请选择君子的为人处世方式。也请不要把自己沦落为"被可怜的对象"。我们可以是弱者，但我们不需要弱者待遇，一切无干人等，都别烦我，请给我时间让我自行强大。我们的职业瓶颈，我们的婚姻红灯，我们的问题孩子——外人的安抚、劝慰、开脱，除了让我们更蛋疼，不会有更多的正面作用；也请不要跟朋友哭诉，大家都活得不容易，既然是朋友咱们就别相互煎熬。当听到负面信息，请告诉自己要学会淡定和淡忘。我们家姑奶奶常说：让别人欠你，总比你欠别人强！

现在，我慢慢地懂得，那些曾经的烦躁不安、孤独伤感、自卑桀骜，现在会日渐淡忘，我不再气吼吼地嚷孩子，不再急吼吼地赶工作。三个月长长的雪季里，每天我都接受着来自其他路人和司机的温暖笑脸。学会让自己持有优雅的态度，哪怕仅是貌似的优雅，都可以让日常生活更加祥和美好！

虽然说我们都有"既然出来混，我就没打算活着回去"的勇气和肝胆，但是，很多时候，即便我们拼了命也有不值的时候！杨绛老先生说"我和谁都不争，和谁争我都不屑"，一直慨叹，那是个何等美好的女人，自己那么有才，但却甘愿为了钱钟书的才气而搁置自己的著作，一辈子爱着他，一辈子为他呕心沥血。对女人来讲，这是一种何等高不可攀的幸福和担当。

二、学会为自己偷时间。

我想说一个不一样的新概念——带孩子时间，是最好的做家务时间。

无论孩子大小，妈妈都得有统筹意识。例如刚会走的孩子可以放在安全的栅栏里或座椅里，妈妈可以和孩子一面互动一面打扫房间，折叠衣服，或者收拾厨房。或者推着童车遛孩子时去超市补给家用，也可以当作您的运动时间。

等孩子大一点，能和孩子一起做的事，就争取一起做。 比如带孩子到超市里补给家用时，可以写个小条子，差使孩子们按要求找到合适的商品，结束时根据情况给孩子一个小奖励，例如棒棒糖或惊喜巧克力。我写博客拍照片，除了写文章需要成块的时间外，其他的事都是和孩子一起做，例如一起拍照，一起调照片，甚至让孩子帮忙打几个字，都让孩子觉得很好玩儿，而且小朋友觉得帮到了妈妈，会特别自豪，同时也就不再对"妈妈你总是看电脑"而深恶痛绝了。我和阿迪、甜妞曾经坚持过90天的晨拍，一天都没落下过，娘儿仨一起努力做一件事，对孩子来讲，他们也乐意。

能让孩子帮手的，鼓励他们帮妈妈工作。 例如甜妞喜欢和我一起折衣服，一起做饭；阿迪喜欢帮我吸地板、扫雪；没人喜欢收拾玩具时，我们就娘仨一起比赛，收拾好就可以一起出去骑自行车。我们家通常做晚饭时，让孩子们在餐桌上画画，嬉闹。吃好晚饭后

Part 1

Part 2

Part 3

Part 4

Part 5

Part 6

鼓励兄妹俩比赛收拾碗筷：把盘子和刀叉放到洗碗机，把冷餐食品放回冰箱等。调动孩子的积极性一起做家务，不仅孩子乐意帮忙，还是很好的亲子时间：可以聊天，可以纠正小毛病，可以夸奖阿迪干得好，可以让甜某人一马当先。

培养孩子的独立意识，自己的事情自己做。这也是解放妈妈的一个有效途径，不然太多的琐碎家务会让你整天都没机会展颜。

早晨起床后，我的工作重点是督促小朋友自己完成上厕所、洗脸、刷牙、换衣服等工作，妈妈此时可以迅速完成自己晨起的例行工作。兄妹俩早餐吃完，我就要督促他们穿鞋子拿书包，然后拿出几分钟时间进行每日的照片拍摄。

自己做家务时不累积（一旦累积就得花成块的时间专门做家务，不是好的统筹方法）。

给孩子整理出玩玩具的固定角落或房间，如果小朋友来访，孩子离开前后要督促小朋友一起收拾玩具，和孩子们比赛收拾玩具（这一点很多时候孩子完成得并不好，所以得一遍一遍地讲）。做饭时一面开展工作一面收拾厨房，例如规整操作台，或者菜盛盘后立马把平底锅洗干净。在孩子们帮忙布置盘子和刀叉时，可以把灶台擦干净，把菜板、水池都顺手清洁，把绿色垃圾扔到花园。

衣服可以累积洗，但需折叠的衣服可以先放到儿童房，等孩子上床的磨叽时间，或上床后等他们安静地入眠时，就可以顺便把衣服折好放好。

合理统筹，将不同的事情安排好先后顺序。

我们都学过洗茶壶、洗茶杯、煮开水、泡茶四件事情，怎么统筹最节省时间，生活中其实时时刻刻都能用到合理统筹，高效率而且节省时间！

例如购物。一定要养成列清单的习惯，对提高统筹能力很有帮助，可以减少购物次数。如果您又想买新鲜食材又不想天天去购物，那么可以尝试两天去一次超市。如果家里冰箱够大，据说三五天去一次超市也行。

自己孩子收到生日邀请，您只需一周内找个顺便时间购买礼物就行了，不要拖到最后专门再跑一趟购物中心。

大的统筹：全职妈妈专心带孩子这几年，可以同时给自己充电，哪怕培养个兴趣爱好，或者发现自己的第二职业的可行性，这和"拿出三年时间把孩子送到幼儿园，然后自己再从头开始规划自己"相比，就是更好地利用了你整个人生的时间。

三、做一个好玩有趣的妈妈，给孩子一个美好童年。

你知道，幸福的孩子不是天天和保姆待在一起！不是被老人宠爱的无法无天！不是他轻易得到N多的平板电脑和游戏机！不是被学校和兴趣班填满的每日疲惫奔波！不是受了委屈哭着找妈妈时领受的只有保姆粗糙的呵斥！不是从胎教、早教、幼儿园、学校一步步地被上套！不是被父母踹着奔跑防止输在那莫须有的起跑线上！

你比奥巴马还忙吗？身为父母，我们需要养家糊口，我们需要交际应酬，我们需要工作加班。可是，管理着整个美国的奥巴马，只要在家每天晚饭都选择和孩子一起用餐，了解孩子们在学校的情况，并为他们出谋划策。

亲子关系必须是双方一起建立，如果孩子对你的承诺每每失望，对你的等待变成次次失落，当然他最快地就会选择和你疏远或对你闭嘴。

你的童年能重来吗？不能！孩子的童年可以更美好吗？可以！

70后、80后、90后，自己也是从孩子变成了父母，你童年的各种美好，你的孩子还有机会拥有吗？阿迪小时候，我们在焦头烂额地找保姆时，我那80多岁的外婆，嗓门洪亮地质问："你是没吃了还是没穿了，就急着上班挣钱？工作和事业，可以奋斗一辈子，而且没有早晚，生个孩子你就陪他两三年你就不肯？"

孩子的童年，其实也就前三年最依赖妈妈，进了幼儿园，他有更多的机会和他人相处并能允许妈妈的偶尔缺席。怎样才能在工作之余给孩子一个美好童年？城市里长大的孩子，给他们正确的爱是什么样子？我是一个普通妈妈，幸运地养了两个可爱的孩子，我认为：

首先，从态度出发。调整自己的工作步伐和重点，精简不必要的应酬或聚会，把零碎的时间串成一根根灵动温暖的项链。做一个小小的表格，把每周能陪孩子的时间划上记号，根据时间的长短安排合适的活动。每个人都很忙，但"很忙"绝对不是你敷衍孩子的借口。奖金少拿些不影响我们的日常生活，但孩子的每一次眼泪，都需得到你的重视。因为孩子的世界里，只有你。最好的爱，是爱着放手，或者加入孩子成为他的快乐伙伴！

其次呢，改变自己的思路，和孩子一起成长，做个有趣、好玩、有创意的妈妈。你可以给孩子组织一个球队，包括给他定教练、找场地、找伙伴。陪他看一会儿蚂蚁搬家并指出哪只是蚁王；和他一起在小区里赛跑，赢的人可以骑在你脖子上；一起策划旅行，到山里去看看苹果树的样子；每天早晨和他吻别和拥抱，认真说"你的胳膊越来越有力量，妈妈越来越爱你！"

最后，和孩子一起慢慢培养良好的习惯，给孩子一个美好童年，给自己一个永恒的春天。你生活的色彩和节奏都由你把握，而孩子美好的童年，则是你能送给他的最无价的礼物！

四、富养女儿不如先富养自己。

Part 1
Part 2
Part 3
Part 4
Part 5
Part 6

妈妈是孩子最好的榜样，或者也是最有影响力的榜样。当你蓬头垢面地要求女儿做个淑女，当你声色俱厉地呵斥孩子上钢琴课、跳芭蕾时，或者当你喋喋不休地唠叨孩子怎么这么不知道上进时，孩子看到的妈妈不仅没有温柔、耐心和爱心，他们看到的都是相反的负面内容！

所以说，如果想要女儿喜欢琴棋书画，那么妈妈请自己先把琴棋书画学起来，或者专注于自己的专业和兴趣。当你在默默努力学习、读书或者练习时，看看你的孩子，他不仅能像妈妈一样安静地成长，而且是比妈妈要求的还要好的样子！

五、做一个正常的妈妈。

孩子的成长不是一蹴而就的，他们有长长的几十年的成长时间，妈妈也是，你在30岁时才明白很多道理，在40岁时才克服了心底的紧张，那么，也请给我们的孩子足够的时间，不要焦急，不要烦躁，不要催他、逼他或者踹他。孩子有自己的成长节奏，而且别人家的孩子无论优秀或混蛋，都不要拿来和自己的孩子相比，请记得我的孩子是独一无二的，我要做个正常的妈妈培养个正常的孩子！

请接纳孩子的秉性和特点，也接纳自己的缺点和不足，我们不是完美妈妈，我们也不需要完美孩子！

👑 请和家人更好地相处

一家人能组合在一起，从某个角度来讲，有很奇妙的渊源！例如我居然是两个孩子的妈妈；甜妞竟然是阿迪的妹妹；阿迪和爸爸那么要好，但是他的脾气却和妈妈一模一样；甜妞总愿意粘着妈妈，但是她的模样却几乎是爸爸的翻版。

有一天早餐，和一个优质女生在一起，讨论到父母孩子的问题。

她说如果嫁人，如果她的丈夫不是很狂热地要生孩子，她宁肯选择不要养孩子。然后她又对我说，你看你自己，如果没有孩子、没有狗狗，你每天可以多出来多少你自己的时间，你每天只需要把自己捯饬得美美的，想干活就干活，不想干活就睡觉，老公下班回来，你全心全意的伺候他、取悦他，生活里哪里还会有那么多的烦恼！她还强调，如果一定要生孩子，生一个就够了！因为钱钟书也曾说过："假如我们再生一个孩子，说不定比阿圆好，我们就要喜欢那个孩子，那么我们怎么对得起阿圆呢？"所以钱钟书和杨绛只生了一个阿圆！

难道我的人生选择是错误的吗？

我认真回想了一下老公带孩子出去旅行的日子，那几天里，我蓬头垢面地生活，感觉如果老公孩子再不回来，我不是因为久坐不动猝死在电脑前面，就是被活活饿死在电脑前面，或者头晕眼花过劳死在电脑前面。

老公带兄妹俩出去度假（总算没有孩子聒噪了，没有老公唠叨了，没有人100遍地喊我吃饭了），我每天熬夜到深夜两点，早上8点爬起来，睡眼惺忪、萎靡不振地带Jax出去转一圈儿，回来喂饱他，爬上楼直接坐下来码字或画画，等觉得脑袋好重啊，脖子好酸啊，一看时间，都中午了，早饭也还没吃呢！快点下去再带Jax出去转半小时，亏得它在啊，不然我真的连中饭也会省略了，更别提到外面去转半小时了！

傍晚我会和Jax在厨房里弄点吃的，然后再出去遛遛……生命在于运动，一只狗都比我活得明白啊！每天能呼吸的新鲜空气，能吹到的冷风，能遇到的雪花，都得拜Jax所赐啊！

当时老公带孩子出去度假，跟孩子们说，让妈妈在家里好好放松一下，可以和朋友喝喝咖啡，或者出去吃东西，傍晚看看电视，和女朋友煲一下电话粥……事实上，老公给我安排的一个正常女人应该享受的生活内容，我自己一点儿都没空去享受，即便是自己一个人，孩子和老公都没在身边！

记得小时候，应该是中学吧，那时周围有很多关于计划生育的各种新闻和话题，我很清晰地记得给妈妈说过："将来我结婚了，我要生两个孩子，性别不重要，我觉得两个孩子一起成长才最平衡！"

我的妈妈很担心地说："现在计划生育都只能生一个，你怎么才能生两个啊！"以我当时那有限的智商和学识，肯定没拿出"将来嫁个老外不受限制地生两个"这么前卫的解决方案，但是那个曾经的梦想的确一直记得很清楚！

于是，早餐没有结束我就告诉了那个女生，等你遇到和你相爱的人，你第一个念头就是和他一起制造个孩子，等生了孩子，你就恨不得把心掏给小人儿，你哪里还顾得上自己能否描眉画眼或者顾影自怜，老娘我忙得都没空吃饭啦！

至于钱钟书为了阿圆不肯生老二的问题，我知道当然不需要为我们敬重的钱大师和亲爱的杨绛先生觉得遗憾，虽然他们一生没有体验过家有两娃的天伦之乐，但是阻挡不了我的幻想：如果阿圆有个弟弟，也许就是另一个钱钟书，他们家，该凭空增加多少的乐趣呢！

父母对孩子的爱，多一个孩子，只是多一份爱，相反，你的老大也同时多了个老二来爱他啊！对老二也一样，当孩子嗷嗷待哺

Part1
Part2
Part3
Part4
Part5
Part6

时，请问哪个父母不是给他100分的厚待啊！老大老二，不管是俩男娃，俩女娃，还是哥哥妹妹，他们每一个都有自己的特点，都那么可爱，你怎么可能会有机会厚此薄彼呢？

只生一个的妈妈或者没生孩子的大姑娘很想不通：两个孩子肯定有不同，父母的爱也一定有偏倚。例如甜妞那么可爱、那么懂事、那么独立，阿迪哥哥天天和你捣蛋、天天给你惹事、天天让你火冒三丈，你就没后悔过怎么养了个这么费劲的孩子？

作为妈妈，我认真地想了这个问题，现在我头脑冷静、思路清晰而且心平气和，我可以负责任地告诉你：生气发飙和你是否爱孩子或爱孩子多少，没有一毛钱的关系！

你生了两个孩子，就会顺其自然地摸索出了和每个孩子相处的模式，例如和甜妞可以"和风细雨"，和阿迪可以偶尔来点"风雨交加"，但这都在你的掌控范围里，甚至对你来说眉头都不用皱一下，你哪里会比较到底爱哪个孩子更多？如果你一定要问，我只能说，大自然的四季才不管你到底爱哪个，哪一次不是按照自己的节奏按部就班地更迭？孩子就是你的大自然，你记得当仁不让、有理有节地和孩子相处即可，其他的矫情和无病呻吟，有什么好比较的呢？

爱是什么？既然要给爱下定义，那么就得借助其他度量方法！

爱和钱没有关系，爱和名气、职位、头衔、网红的分贝也都没有关系，作为一个妈妈，我最朴素地给爱下一个小定义：爱就是愉悦地喜欢，爱就是持久地关注，爱就是心甘情愿地为之舍得花费你自己的时间！

喜欢，就是你的态度！

关注，就是你的行动！

花时间陪伴，就是最具精髓意义的相处之道！

我喜欢你，妈妈喜欢你，妈妈喜欢爸爸，妈妈喜欢我们这个家，这都比"爱"听起来更容易让孩子理解和感受到！

拿出喜欢的态度，不再火冒三丈，不再恶声恶气，不再吹毛求疵，也不再看啥都100个不顺眼。喜欢一个人，能让我们更容易看到对方的优点，喜欢一个人，让我们更容易设身处地为他着想并能宽厚地对待，喜欢有着所向披靡、坚不可摧的正能量！

很多妈妈说，我爱我的孩子啊，可是他是个淘气包，我每次看他在琴凳上坐不住的样子就抑制不住自己要发飙！

亲爱的，请您再细细思忖一下，你确定你爱的对象是你的孩子吗？孩子淘气，基本都是为了引起父母的关注，你给足他100分的关注，他开心地讨好你都来不及，他哪里还会淘气呢？

我有两个孩子，有段时间，我一直觉得阿迪真的太坏了，他总欺负甜妞，他总在学校捣蛋，他被老师被家长告状，然后我就粗鲁地持有这种态度并拿出错误的行为去对待那个八九岁的男孩子，直到有一次，这个小男生在一次冲突后伤心欲绝地向我哭诉："你们都说妹妹好，妹妹什么都比我好，但妹妹也会欺负我的，好吧？老师也是，老师就盯着批评我们男生，其实女生不仅会告状，她们还会撒谎！"

　　我在夜深人静的晚上认真地回想了自己的行为和态度，并和老公讨论："我们是不是对阿迪戴着有色眼镜儿啊？"这个德国男人松了一口气，说："你总算找到了问题的根源并且肯从自己身上找原因了，阿迪是个好孩子，我们只是需要和他更温和地相处！"

　　自从我意识到自己的问题并及时调整了自己的态度，我们那个礼貌、懂事、知书达理的温暖阳光小男生回来了！

　　作为父母，拥有孩子是全天下最幸福的事。我们要懂得和家人相处的智慧，用心和孩子沟通交流，而不能采取简单粗暴的方式使孩子服从父母的意志，这样反而会适得其反，不能形成温馨有爱的家庭环境。

　　我们要多多关注孩子，多多陪伴孩子，要让孩子感受到父母对他们的爱，用心去倾听，用爱去呵护，在这样环境下长大的孩子才是健康阳光的好孩子！

Part1

Part2

Part3

Part4

Part5

Part6

♛ 只有你能保证自己想要的生活

一个北京妈妈纠结："我在北京的工作实在很忙，我做人事工作，公司离不开我！我的孩子有哮喘，如果让他回到乡下，那里不仅有清洁的空气，还有更广阔的成长空间，可是我不放心老人带孩子，也不想自己和孩子分开，现在我很苦恼，到底是该带孩子回乡下还是继续留在北京？"

一个上海妈妈说："我讨厌我的公务员工作，每天就是面对那些需要审核的劳保表格，谈话的人都愁眉苦脸，感觉自己一辈子就这么被埋没很不心甘！但是我的爸妈和老公都希望我做公务员，收入稳定，工作压力小。我自己大学专业是西班牙语，研究生是西班牙语文学，我好想去找份工作能和西班牙语有关，我已经挣扎了快8年了！"

一个广州妈妈说："我老公也不是不好，他是个工作狂，赚钱也不少，也没有外遇。就是回到家就表现出有气无力的样子，家务不做就算了，对孩子一点儿热情也没有，要么看电视，要么玩手机，孩子摔倒了哭着叫妈妈，他看一眼继续看电视。他自己工作的事情不让问，孩子的事情他不管，我的工作他都觉得不值一提。面对这个男人我真的不知道该怎么办？"

也许，我们在不同阶段都遇到过这几个妈妈所面临的问题：关于老公不顾家的，关于孩子健康的，关于自己职业选择的！

Part1

Part2

Part3

Part4

Part5

Part6

任何人都会有迷茫的日子，但是如果迷茫三个月还在原地踏步，或者三五年了还在在纠结，甚至十年了还没能解决问题，我只能深情地看看你，不管我是你的朋友，你的亲戚或者是你的同学，我都将不会再充当你的唠叨的听众或者再给你一丝一缕所谓的悲悯！

你是一个妈妈，既然你已经选择了婚姻，选择了和老公要一个孩子，那么就不能任性地让自己沉迷于无助的境地——**你的孩子需要一个顶天立地的妈妈，你的孩子需要你强大的内心和坚实的臂膀。**

为了你的孩子，请记得眼泪和自怜都一文不值！

我曾经是一个职场妈妈，来德国后做了6年全职妈妈，家有兄妹俩，一晃养儿育女小10年。不管是职业和孩子的矛盾也好，还是选择带孩子离开上海也好，包括孩子进入小学后妈妈准备再次回归职场也好，个人觉得，都一直得益于那个美国女博士的比喻：女人的事业就是不扎口的气球，你得不停地往里吹气才能保持丰润的模样。但女人的孩子像个小树苗，关键的前几年你给他足够温暖丰沛的关照，那么等他渐次独立，例如进入幼儿园后，即便你偶尔疏于管理，他也会自行努力保持勃勃生机！

只要我们想明白孩子和事业的关系，就像你想明白"舍和得"的关系一样，你的问题将迎刃而解，你的选择也将清晰而正确。

妈妈的梦想在哪里？我想说，妈妈的梦想有多大，你的舞台就有多大！妈妈自己想要的生活，谁都阻挡不了你前进的步伐！

当你迈开步子去追求梦想时，请记得先清理一下你鞋子里的沙子：

我纠结：我该不该辞职带孩子？我有没有辞职的勇气？

我的公婆太溺爱孩子，我该怎样和老人达成科学育儿的一致意见？

我的老公根本就不管孩子，怎么让爸爸更积极地参与育儿？

我很想生二胎，可是怕对老大的爱少了，怕带俩娃太累了，还有我已经38岁了，是不是生孩子太晚了？

类似的"沙子"，如果是你苦恼的根源，如果是你苦恼的全部，请你低头思忖。

妈妈想要追求自己想要的生活，任何时候起步都不晚！

你不敢换工作是因为怕失业吗？你不敢换城市是因为怕重新开始吗？你不敢换国家是因为怕人生地不熟吗？或者你不敢创业是因为自己已经人到中年了吗？你不敢二度创业因为自己已经超过40岁了？你不敢三度换个国家、换个城市再重新创业是因为自己已经50多岁了吗？

身边有很多父母，因为孩子开始了新的事业，例如有父母为了

217

Part 1
Part2
Part3
Part4
Part5
Part6

孩子学英文特意去开发App，也有父母为了孩子阅读而开绘本馆，新浪育儿圈的很多妈妈们大家更是耳熟能详：有为了更好地教育孩子从而开始职业"正面管教"的，有为了孩子能吃到放心的食品而去研发有机产品的，还有为了自己的孩子能穿上舒适大方的衣服而开始童装设计的……

更多的妈妈是在全职带孩子的几年中，发现了自己原来的梦想照进了现实。有为了给孩子拍出更好的照片而开始学习、钻研摄影并开了摄影工作室的，有为了把孩子的随手涂鸦做成玩偶从而把手作当成了自己的全新职业的，有为了给孩子们更多好玩的玩具从而带领团队为孩子打造益智玩具的，有为了自己的孩子学习而创办幼儿园、早教班的……

年龄永远都不会成为追求你"想要生活"的绊脚石，想反，很多的人生转折就是从40岁、50岁甚至60岁开始的。我的公公婆婆已经七八十岁，两个老人在葡萄牙温暖适宜的环境里，养两条狗、一只猫，每日在阳光里照料他们的大花园，婆婆这个外交官愉悦而自如地"日理万机"！变老的日子也可以是自己想要的生活，不是吗？

所以，女人追求自己想要的生活什么时候都不会晚，和孩子、老公、年龄、工作都无关。我们要有一颗积极向上的心，勇敢自信地迈出改变自己的第一步，拒绝犹豫，拒绝优柔寡断，美好的生活就在前方，不管我们改不改变。所以，你离你想要的生活只差一步，那就是做出改变的决定！

👑 用一技之长实现经济自由

德国全职妈妈的绝对数量估计在世界排名都很靠前，例如在我们雷根斯堡，兄妹俩的教会幼儿园里貌似多是全职妈妈或半职妈妈，那些因为妈妈上班需要待到下午3点的孩子，几个班级加在一起也没几个！

德国的小学、中学都是上课半天，所以很多妈妈就只能选择全职或半职，很多家庭都是两三个孩子，而且请阿姨、保姆不是很普遍，家里老人也最多帮忙接送一下孩子，带孩子的重要任务还多是妈妈承担。

这里有很多可以用一技之长挣取工资的机会，餐厅、咖啡吧、商店或者超市等提供的是普通工作，与之相比，还有更多的机会可以发挥妈妈的特长和兴趣！

比如参加协会或参加培训考试。德国有很多协会，只要你有兴趣都可以加入，只要你技压群芳，都可以竞争上岗。而且德国是个职业培训大国，所以你只要想学，都能找到相关课程，只要经过一定的专业学习并通过考试，你就有持证上岗资格！

我决定要重新开始运动，想来想去，跑步骑车都不太喜欢，后来看到足球场边的网球场上有邻居妈妈们在打球，就跑去咨询了，对方说很欢迎，不管是40多的比赛组还是业余时间组，她们都欢迎！

后来打电话给负责人，是个老妈妈，她也是40多岁才开始学网球，现在快65岁了，参加比赛，带学生，自己练习，每周最少两次！

然后我说我想找个教练纠正一下动作，她说青年组的教练肯定没空，他平时工作很忙，自己也打比赛，带的学生也多，时间很难约；但是中年组的教练有两个，你会比较有机会约时间。问了课时费，吓了一小跳，10多年前我们在上海请不起网球一对一教练，就几个人一起集资请教练，貌似也就100多块一个小时吧！现在这里，每小时近50欧元。

邻居妈妈看看我，估计觉得我"孔武有力"的样子，说"你现在条件这么好，如果你喜欢，你可以去参加培训拿个证书，很快就也可以当网球教练了。"我眼睛睁得好大："你确定我有这个潜质？"她哈哈大笑："当然有了，我打球10多年了，早就可以带学生了，只是我体力不行，你看起来比我有力气。"

不管能不能当教练，网球是准备捡起来了，已经定了教练的课了。

用自己的专业知识发挥自己的特长。阿迪原来幼儿园有个好朋友，父母都是土耳其人，小男生的德语从幼儿园最后一年就在课外补习，现在三年级了，妈妈说依然是每周一次每次一小时。问德语老师是谁啊，她说就是邻居家的妈妈，比大学生补习德语便宜一点，每小时20欧元。

我问她邻居的妈妈不是那个在带学生的音乐老师吗？她说是啊，她带吹笛子的学生，也带德语课学生，她还组织了几个妈妈做了个"日间托管所"，只收不到三岁的孩子。

上次给阿迪哥哥准备erstkommunion（坚信礼庆祝仪式）的蜡烛，出门时看到窗台上很多小册子，发现有提供babysitter的，有提供宠物照顾的，也有代管花园的，有打扫卫生的，还有组织孩子

Part1

Part2

Part3

Part4

Part5

Part6

溜旱冰的……看了下联系人，基本都是女士，估计也是妈妈们居多。

那天听阿迪讲，他们的国际象棋老师，一家人都是象棋教练，所以孩子也在他们象棋班里！街角有一栋小公寓房，搬来一对老夫妇，因为家里也有一只小狗，所以遛狗遇到就会聊一会儿。她说自己年轻时是个护士，现在退休了，就在业余时间上门护理一些老人，她说算是贴补退休工资吧。老先生也退休了，也是闲不住，喜欢花园工作，所以在郊外租了两片花园，种花种菜，她说你们中国人爱吃蔬菜，下次可以到我们花园里来采，肯定比超市里质量好价格还便宜。

甜妞有个好朋友劳拉，因为劳拉在我们家过过夜，所以和她的妈妈多聊了会儿。她的妈妈来自巴西，自己从小喜欢游泳，在送劳拉去学游泳的时候，顺口问教练需要帮忙不（她原来考过游泳教练执照），那个游泳馆正好正在招老师，就说太好了，你最好在德国也培训一下拿个执照，现在先在我们这里帮忙。然后劳拉的妈妈一面帮忙一面参加培训，很快她就拿到了上岗证，成了一个正式的游泳教练！

阿迪的足球教练严斯，平时带孩子们踢球，太太经常在球场帮忙，上次去接阿迪，发现她在边上女子足球队一起做热身运动，问阿迪才知道，她也喜欢踢球，所以她也想当足球教练，但是她得先学习！

甜妞马背体操有个小助教叫Amy（艾米），姑娘13岁，从小学习马背体操，平时比赛梯队，每周训练两次，她因为技艺精湛所以就到甜妞她们少年组来做助教。现在每周三都搭甜妞的车去马场，和她聊起过，她的妈妈会葡萄牙语和西班牙语，也是在她们姐弟俩上学后，在雷根斯堡的一个旅游局做兼职导游和口语翻译，上班时间很自由！

其实到哪里都一样，只要你乐意，你总是能找到自己喜欢的事情，如果想挣零花钱，只要肯动脑动手，你总是会有机会！

孩子进了幼儿园后，妈妈要开始重新找到社会角色。德国VHS（成人继续教育学院）学校会提供很多学习课程，你会做中餐，可以去开班教学生；你会烤蛋糕，做手工，甚至手写体字写得好，你就可以组织学生上课赚学费。我们的画画老师就常年开设德语手写体课。

大多数妈妈在孩子小时候，都会很积极参与幼儿园或小学里的工作。宝拉的妈妈大学是学经济的，平时家长会也做很多工作，现在家里俩孩子上了小学，她专门组织了几个喜欢做手工的妈妈，专业地做德国小学生开学人手必有的开学糖袋，她们的业务范围很广，上次去参加甜妞老师的婚礼，她说这里幼儿园（有一个多小时的车程）的妈妈也向她订糖袋！

约翰娜的奶奶已经80多岁了，还是身体硬朗、嗓门洪亮，经常看到她骑自行车去教堂，上次约翰娜生日我去接甜妞，才知道老奶奶是插花高手，周围几个花店都是老奶奶的常年客户。除了常规插花，她还可以特别定制，婚礼、孩子洗礼、教堂特别活动等，她都可以根据要求设计插花。约翰娜也有个弟弟，她的妈妈也是计划弟弟上学后就接管老奶奶的手艺和业务，一面带孩子，一面自由工作挣钱。

很多妈妈的第二职业都是从孩子进入幼儿园开始的，德国的很多业余爱好都做得超级专业。社区里的各种活动，地方组织的各种大小集市，还有很多专业小店，都是妈妈们的作品轻松变成产品的保证！

相对来讲，德国的住房一般都比较宽裕，所以很多妈妈也是

SOHO（在家办公）一族，老公上班了孩子去学校了，就是妈妈宝贵的忙自己事情的时间了！

另一条街的Lily（莉莉）妈妈家有三个男生、一个姑娘，上次才知道她学过理疗按摩和精油护理，她在家里专门有一个大房间，客人可以上门来做付费按摩。无独有偶，还有一个Lucy（露西）妈妈，她学习了面部美容护理和手脚护理，也是在家里单独开辟了一个房间，上次看到，里面的设施都很全面很专业！

那天给甜妞睡前读书，看到有个马头嘴巴叼着画笔觉得很有意思，仔细看了下画家介绍，居然也是两个孩子的妈妈，自从孩子进了幼儿园，她也开始了她的绘本创作，现在已经出版了好几本和马有关的图书！

德国社会鼓励妈妈单独创业或半职工作。这是带好孩子、稳定家庭、保持社会和谐发展的重要环节，教堂也很支持。上次阿迪参加Erstkommunion的教堂组织妈妈们夜晚给自己孩子做手工蜡烛，当时就介绍了一个专门做手工蜡烛的妈妈，如果谁特别忙或者觉得准备原材料太麻烦，都可以买她做好的蜡烛。

其实每个人都有自己的特长和爱好，国内妈妈们更是干得热火朝天。上次听手绘班里的妈妈讲，有个妈妈辞职在家带孩子的3年里，瞅准机会准备了一个私塾学堂，组织孩子在课余时间练书法、画画、阅读，后来老公也干脆辞职，夫妻俩专心当成事业来做！

我们学摄影的有很多妈妈们都开设了自己的摄影工作室，都是带孩子间隙，从孩子的朋友、周围的妈妈们开始进行收费摄影，不仅有大城市的，也有二三线城市的，美国、加拿大的也有。这些妈妈不仅可以照顾孩子、家庭，工作时间可以自己掌握，还能充分发挥自己的特长，实现经济自由。也许，这就是生活给妈妈们的特别嘉奖吧！

Part1

Part2

Part3

Part4

Part5

Part6

与之相比，国内妈妈们有更多实现经济自由的机会。在上海的Mamaf，也是和老公双双辞职，找了家店，按照自己的意愿装修布置，夫妻俩经常忙到深夜，她说有次两人吃着方便面，畅想着明天的美景，感觉和老公又回到了手拉手的大学时代。

怎样发现并培养自己的一技之长呢?国内自从有淘宝后催生了大批大批的"梦想实现家"，有大学老师开有机食品店的，有公司白领专门玩陶瓷设计的，还有专门帮自己老家乡亲卖莲藕、土鸡蛋、樱桃、荔枝的，这些都是从零开始，凭着自己的智慧和汗水赚钱并当成事业来做的!

有的妈妈说我们这里什么都没有，可是您知道吗，有人专门卖手工剁椒、手工牛肉酱、手工饼干、自制狗粮……这些也都是妈妈们从尝试开始的。

有人喜欢钩针或编织，有人喜欢十字绣，有人喜欢画素描，这些爱好都是你的一技之长，只要你技艺精湛，自然会有人认可和买单。

如果您还是没方向，可以去把英文学好，或者再学一门德语，不要想着学俩月就能当翻译，要有"反正养孩子这三年，我就当学外语调剂我的生活了"的心态。任何学习都会给您带来同学、老师

的圈子，这个小圈子里肯定会有你的贵人，重点是你自己能否发现。

好吧，再退一步，您可以把照片拍好吧，如果已经入手了一个单反，能否给自己定个学习小目标，孩子上幼儿园之前，我能用单反拍出自己和周围人都喜欢的照片。

生活的确不容易，但是生活也很公正，如果您不肯挥洒汗水，后果就是您只流着口水或流泪水！

人的天赋的确有高低上下之分，但是天赋真的在生活中所占比例很小，另外99%都取决于你肯不肯要，你想不想努力，你能否安心静心地动脑并脚踏实地地实现目标！

美好日子，想要的生活，都在您自己手上。上次有个妈妈说家里老公管钱，她全职带娃，想报名我们的彩铅手绘但是真的凑不齐学费。我回头想了一下自己，从大学开始基本就是自己挣钱自己花，后来工作了，不管是业余上英语课、请外教，还是打网球、游泳、旅行，真的都是自己攒钱自己支付，从来不浪费，但是也从来不会因为合理的消费而支付不起……

微信上看到俞敏洪写的一篇他和马云的区别，里面有段话，我觉得有些绝对，因为感觉我周围的妈妈们几乎没有一个是这样的。

"世界上80%的人，都在默默无闻中度过自己的一辈子，都在抱怨中过着每天的日子，都在对社会以及对周围的亲人和朋友不满足，来打发自己的日子，他们从来没有想过，身上到底丢了什么东西？他们丢掉了梦想，丢掉了坚持，丢掉了信念，再也没有什么东西值得相信。留下的是什么？是平庸、迷茫、懦弱、放弃和附和。"

和老俞说的相反，我周围的妈妈们，包括我自己都在努力过好自己的日子，带好自己的孩子，一直努力以期能在明天遇到更好的自己，我们乐于学习、乐于分享，不管做人还是做事，都有目标、有动力、有不怕苦累的耐心和坚持。我们知道，没有谁可以随随便便成功，我们想要的生活，我们用自己的双手去争取，因为我们坚信，没有谁可以阻挡妈妈们前进和成长的步伐！

Part1
Part2
Part3
Part4
Part5
Part6

👑 和孩子一起提升领导力

不管我们对孩子有什么样的成长期望，也不管孩子将来从事什么职业或者怎样规划自己的人生，都离不开个人的组织能力和领导力。

有妈妈说，我就愿意当一个观众，我不希望孩子将来大富大贵、出人头地，只要他健康快乐就行！

从某个角度来讲，当观众，能快乐、健康地生活，需要你强大的内心去抵制各种诱惑并赢得平静和淡定，需要更坚定的信念保持自己的生活理念和成长目标，其实更需要我们的组织能力和领导力！

为了便于叙述，先说说做人。

做人，就是你一贯给人的印象，它表现在你所持有的秉性，你的性格，你的学识，你的谈吐，你的为人处世原则，你的人生观、世界观、价值观，你所关注的生活内容，你所拥有的生活品质……它往往从小处体现你的品行，比如说你的着装，你的发型，你眼睛能否温和地直视你的谈话对象，你的手指甲是否干净，你的牙齿是否洁白，你的发型是否怪异，你的口头禅是不是都是粗话脏话……

做人和组织能力、领导力，有啥挂钩吗？有的，稍等！在提高我们的组织能力之前，我们还需要一个小能力，就是能够成功而又愉悦地推销自己！

什么是推销自己？ 事实上，小到一个小朋友想方设法为自己争得一个玩具，大到一个国家执行的外交政策，或者你遇到一个心动女孩想娶回家，或者你叫嚣着想嫁给某位男神，从你采取的策略和行动方案，一直到你得手或者失败的整个过程，就是一个完整的自我推销过程，彰显的就是你的组织能力和领导力。

怎样推销自己？

第一，自荐。第二，引荐。现在人人都是自媒体，人人都有朋友圈，经营自己的微信朋友圈，就是一个自荐的过程。你分享你关于为人处世、生活方式的想法，别人阅读的过程就是接受或否定你自荐的过程。

喜欢你，认同你，觉得你的分享有理、有趣、有意思，就证明你成功地推销了自己，就证明了你的组织能力很强。

推销自己的过人之处，体现自己的组织能力，都有哪些机会？

如果我们包括孩子，想在家里、幼儿园里、班级里、单位里或者社会上彰显自己的与众不同，有哪些"软件"可以经过努力拥有和得以运用呢？这里不谈天生丽质或者颜值爆表，不谈家财万贯或者有贵人鼎力相助等神话。我们就说说普通的我们，以我个人为砖头，先扔出来大家一起讨论吧。

推销自己的想法并得到别人的认可或支持，这本身就需要动用你的学识和经验，展现你的个人魅力。推介你的逻辑思考和优秀的文字组织能力，并综合地给对方一个愉悦感受从而使对方乐意接受或为一个大项目买单！

我在育儿和亲子领域混了10年，在摸爬滚打中渐次明白了些道理：

给孩子一个美好童年的重要性；

妈妈自身成长很关键；

自然教育方式、体验式引领教育方式都比枯燥的课本有意思。

这些道理我想分享给更多的爸爸妈妈和孩子，因为我觉得相比自己原来熟悉的知识体系，这些道理都更有分享和推广的价值，所以潜心写博10多年，不急不躁，不追不赶，本着自己的直觉和秉性，真诚分享，真诚互动，从而赢得大家多年的喜欢和支持。

在此，感谢大家的厚爱和互联网的慷慨，为我们颁发了"新浪育儿名博、十大优秀博客"等美誉，也很感恩这10多年里结交了这么多志同道合的爸爸妈妈，很感恩我们在成长路上遇到彼此并期待继续一起携手成长和变老。

再说一说操作方法：怎样更好地提升组织能力和自己的综合实力？

一、组织大小活动，成为小圈子领袖，建立自己的话语权。

很多人害怕组织活动，觉得组织活动劳心费神，担责任，弄不好还落埋怨。其实组织活动特别锻炼大家立体思考、逻辑思考、掌控各方资源的能力，今日不谈原来工作，说说全职带娃这几年作为一个普通妈妈所组织的活动吧！

1.组织了两届秋季儿童摄影大赛。当时因为自己在学摄影，所以接触到这个庞大的父母摄影师团体。我们邀请的评委都是专业摄影师，但是参赛者都是日理万机、一手扯娃一手按快门的爸爸妈妈们。虽然是想带着妈妈们一起玩儿，但出于媒体人的本能和自觉，操作时还是秉承了很专业的大型活动做法，详细地写出了活动章程、人员组织、媒体曝光和奖品赞助等，这些我们都做得一丝不苟！

2.开了一家淘宝小店。力排众议，主要是说服自己拿出勇气开了这家小店，但就是这个小店，扭转了我一辈子的金钱观、价值观、人生观！这家小店最大的功劳就是让自己明白：用汗水给自己挣零花钱，感觉比赚工资赚外快都更能让自己感到成就感，这对我这个懒癌患者是一次洗心革面的改造！

3.和孩子们一起组织生日会，每年最少两次。其实每次给孩子们过生日，大大小小、方方面面还真的就是一个小型活动。从主题的策划到确定，从物品的准备到布置，从邀请客人到答谢回礼，从活动现场的节目到机动地安排活动节奏，从邀请卡的制作到活动的预算，林林总总的哪一项考虑不到都会出娄子！请一定带孩子一起组织他的生日会，孩子不仅有参与热情，而且特别锻炼孩子的组织能力、领导能力、说服能力和整体掌控能力。

4.开启了雷根斯堡华人们的"固定餐桌"。因为在博客写了一篇有关德国固定餐桌的文章，所以建立了我们自己的"固定餐桌"，整个过程也是以大型活动标准和规模组织的，从定餐厅到定菜单，从发布信息到确定主席，从活动流程到现场摄影，从主持人确定到赞助的到位，从人数控制到抽奖细节……弹丸小城的现场来了50多人，我们做得像模像样！

5.开了原创"写画时光"妈妈成长club，并研发了6门不同的精进课程！我发现"写画时光"是个颇有建树的项目，而且是值得大家一起努力并把它当作一个事业来努力的项目。首先让妈妈们从态度上接受改变，对遇到最好的自己有积极的愿景，并能通过切实有效的学习掌握具体的方法和技能，实现和孩子一起成长的大目标。妈妈不仅在孩子童年扮演着重要角色，在家庭里妈妈也是天然的主角，所以妈妈的改变，意味着孩子的改变，家人的改变！妈妈通过学习得以提高，孩子和家人自然也不会落后！

6.说到眼前，已下决心和一合伙人一起开发德国的口碑食品和用品。前期目标是有自己的销售团队，有自己的拳头产品；中期目

标是在摸索中建立自己的食品或用品品牌；远期目标，在德国的拜仁森林里，有一个或多个大农场，和一群志同道合的老头老太一起开心地养老。

其实这些大大小小的活动也好，工作也好，包括项目运作也好，都离不开推销自己的想法，提高自己的能力，有自己的话语权，有自己清晰的愿景，有科学的实现方法。

二、能比较逻辑地形成文字，给大家一个专业的方案和活动细则。

当初在上海给阿迪组织足球队时，当我把我们的活动章程、人员组成、活动费用、家长名单以及和教练签订的教学合同等一并拿给那个女校长时，她说："我有些吃惊，现在的家长太强大，为了孩子更好地成长，可以这么专业地拿出活动方案，我很敬佩，所以决定把球场免费借给你们！"

三、从身边做起，从小事开始训练，比如给孩子组织一个周末小活动。

可以让孩子们到家里来看个动画片，《疯狂动物城》或者《功夫熊猫》，看完后可以让每个孩子发表些感想，讨论一下鸡毛蒜皮的事！妈妈可以给孩子们准备些吃的喝的，还可以给孩子倒上可以当零食吃的来自德国的有机麦片！

现在很多父母都在做阅读推广，我们自己也可以和孩子找几本特别有意思的绘本，邀请孩子和家长一起到家里进行绘本阅读。先征求孩子们意见，选择合适的绘本，孩子们可以轮流读或角色扮演，记得准备水果或晚餐，这不仅拉近了孩子们的情感距离，作为家长的你也走进了孩子们的心中！

或者旅行回来，组织一次旅行图片分享会，召集小朋友们吃一

 Part1
 Part2
 Part3
 Part4
 Part5
Part6

些特别食品，分享旅行故事，分享纪念品。

哪怕只是电话约请几个家长一起到你最爱的家门口餐厅分享美食，也是很有意义的事情！

几家人可以约到一起自驾游，带孩子们去农场采草莓，组织一个拉风的车队，还可以买几个小旗子，对孩子、对家长来说，都会是好玩又难忘的活动！

或者就自己，带上几个孩子一起，进行半天小旅行，或者带孩子们去陌生城市两天一夜旅行。

大家只要稍微动动心思，就会有很多机会展现你的才华并顺带培养孩子。请记得，我们不是为了提高自己的领导力而组织活动，我们的目的是为了自己能有更好的生活，孩子能更好地成长，自己和孩子在成长过程中也能得到更多有益的锻炼！只要自己和孩子有了真功夫，推销自己也好，销售麦片也好，分享自己的优质生活理念也好，就都不在话下啦！

四、用心学习，多留意，多思考，多想想所以然。

多分析你喜欢的人，你喜欢的产品，包括某件让给喜欢的事情，多想想是为什么。我们一群妈妈开办的彩铅手绘学习班，每周有一个创意作业，作为老师的我发现，学得好的同学，不仅是观察仔细，最主要的是做到了对创意作业的魂牵梦萦。很多学霸们都说过，自从学了画画，不仅看绘本先看画面，连傍晚遛弯儿，平时去逛超市，周末带孩子去餐厅吃个饭，都要研究一下物体的形状、明暗、光线、色彩搭配、画面组合等，有些甚至梦里还在找绘画创意。这就是大家做到了时刻学习，所以学霸们才能在那么短的时间里出创作那么多的好作品！

最后，再说一说，怎样提高孩子的组织能力和领导力呢？

一个小小孩儿，其实从很小的时候就能彰显出他的组织能力，不是撒泼哭闹，不是蛮横无理，也不是飞扬跋扈，而是刚会说话就能条理清晰地表达自己的想法，刚三岁就能听进去道理或者已经开始懂得管理自己的情绪，等进了幼儿园，懂得和其他孩子友好相处，有问题懂得向老师求助或想出解决方法。和爸妈亲子阅读时，能提出有意思的问题，能简明扼要地回答问题，或者思维活跃地表述自己的观点，讲笑话，讲故事等。

孩子的这些特质和突出表现，其实都可以经过学习训练并提高！

1.孩子是一个单独的个体，除了要尊重孩子，还应该培养孩子的自信、独立、坚强的气质！

2.帮助孩子有逻辑地思考和条理清晰地讲述问题（锻炼逻辑思考有很多书可以借鉴）！

3.让孩子学会立体而又整体地看待问题。例如他和好友有了一次争执，父母可以尝试让孩子分析前因后果，总结教训，将心比心，让孩子学会从点到面整体地看待问题方法！

4.孩子的事情让孩子自己负责，这一点不仅是态度，更主要的是执行。例如孩子踢球，孩子去跳芭蕾，需要准备球衣、球鞋、饮用水等，提醒妈妈几点出发几点接他，这些都需要孩子自己负责，妈妈只当司机，不当管理员也不费口舌唠叨惹他厌烦！

5.鼓励孩子做主角组织活动。比如下午一起外出骑自行车，邀请小朋友一起去电影院看新电影，组织自己的生日会、球队小伙伴友谊赛等。当然父母要力所能及地帮忙，但是一定要孩子当主角，才能激发他的原动力和创造力，整个过程才能锻炼他的组织能力和领导力！

6.如果孩子已经到小学高年级了，可以训练孩子的文字表达能力。除了口头表达，还可以结合学校的学习节奏，和孩子一起训练怎样写好记叙文，怎样写好说明文，怎样写好指定词语展开故事等。当然这些训练可以更有趣一些，比如让孩子写购物清单，写一个菜谱……出去旅行的时候可以给孩子一个手帐，在上面画画或记录我们一天花费了多少钱。

妈妈自己和孩子都能成为组织活动的高手，让我们的学习、生活、工作都因为突出的组织能力和领导力而更加精彩，从而可以持续渐进的，源源不断的，长年累月的，惊喜连连，幸福美满，"遇见更好的自己"！

让自己轻松，他人不累

这篇文字，我首先是写给自己，然后分享给路上同在埋头努力的你，很感谢育儿路上，我们都不孤单！

很多人小小年纪就能活得很明白，然而很多人活到一大把年纪依然会很混沌，例如本大妈。但是，自从生养了两个孩子之后，逐渐地开始懂得尽量先让自己轻松，从而也让他人不累！

青葱少年的自己不但争强好胜，而且还严苛要求自己，并且不知天高地厚地用自己的标准去要求别人。那"伪洁癖"让自己的生活处处难以轻松，那"伪完美"让自己在为人处世上劳神烦心。后来多亏了两个孩子的相继出生，当我小心地改变了态度并略显轻松地去处理孩子们的鸡毛蒜皮包括自己的工作和生活时，我发现：只要自己能让笑容挂在脸上，身边的一切就能超级神奇的简单而顺遂！

一、让自己活得轻松

少生闲气：

记得多年前看到过对"生气"的形象解释：生气就是别人吐你一口痰，你偏偏要接着咽不下。擦不干净、还不回去的恶心就是生气的心魔！

这么一想，估计你再也不要这么恶心地生气了，是的，尤其是你不喜欢的邻居，或者让你别扭的同事，甚或让你不齿的小人，他们给你气受时，你就更不应该再去介怀了，他们原本就是你生活中

的垃圾，如果你一定要抱着垃圾毁掉自己的美好日子的心态，那么就想想"可怜之人必有可恨之处"的辩证关系吧，每个人都有自己的造化和修行，是选择明媚阳光还是雾霾恶臭，权利在你手上！

安心安静：

尽量远离各种浮躁人群，有空了和自己的孩子好好吃个安心的晚饭，或者窝在家里度过一个安静的周末。远离各种喧嚣、各种浮夸、各种让自己心浮气躁的场合，远离让自己心理失衡或脚步踉跄的各类人等。社会风气也好，人情世故也好，你都有能力和权利去选择洁身自好，而不是去同流合污！

选择朋友：

你应该很清楚，谁是可以让你敞开心扉的朋友，谁是让你无法形影相随的熟人。你也应该弄明白，是谁每次都在向你抱怨鸡毛蒜皮的小事从而浪费了你的时间并坏了你的心情，是谁每次尖牙利齿地说给你很多你并不感兴趣的秘密或他人的家长里短……人有很多种，朋友有很多类，我们自己要分清楚：你可以帮朋友，但要在能力范围之内，你不是上帝也不是救世主，如果那个人只是来搅乱你的生活，请别客气直接说"不"！

分清主次：

工作再重要，都不应该长久地影响自己和家人的日常生活，阶段性地加班加点无所谓，但是如果常年地占用你的业余时间和周末，个人觉得再可观的收入、再光鲜的角色、再让你沉迷的快感都不值得你葬送自己正常的生活，尤其还要连带地牺牲你原本可以给孩子给家庭的时间和精力！工作永远会有，但是再伟大的工作都无法和家人、婚姻、孩子尤其健康画等号！

修缮好和老人的关系：

人和人讲究气场，尤其婆媳之间，有冲突很正常，但是老人无论有多么刁钻难缠，都要记得是他们帮你养大了你爱的老公，他们对你的孩子爱得不掺水分，他们有些小毛病，或者对你不那么友好，从心理上都要承认他们是你老公、孩子最亲近的人。尝试嘴巴甜一点儿，多送点小礼物，多陪老人说说话，多夸夸他们的儿子和孙子，也多听听他们的想法和建议，只要你从态度上认真对待，你会发现老人们并不是那么不可理喻。

相信并接受无常：

从心理上做好接受一切无常的准备。不管是自己和家人的健康受到了威胁，还是家庭遇到了突发状况，都要记得天没有塌下来，你作为家里的顶梁柱，不能趴下、不能气馁、不能言败！遇到问题要懂得及时求助，前辈、朋友、专业人士都能助你一臂之力！相信自己一直都不孤单，你的遭遇不会是最差的，尽快找到动力和拿出自救方案，让自己快点儿爬起来。

少计较别人：

别人不够礼貌，别人言语冲撞，别人给你气受，都是别人的事情。别用别人的错误和无知惩罚你自己，尤其那些嫉妒你的人、诽谤你的人、甚至给你穿小鞋的人都不足惧、不足虑，拿出你自己更大的气场、更浑厚的能量活得更健康，活得更强壮。保持自己一身正气，小鬼也好，梦魇也罢，都阻止不了你走向充满希望的明天。

注重健康：

人到中年，首先得重点关心自己的健康，只有自己有个好身体，才能保证有个好心情。健康永远是第一，其他的都排在后面！只有保证自己身体健康，其他的一切才有存在的价值和意义，否则拥有再多也是没用的!

饮食尽量简单，杜绝零食：

所有的零食其实都不是我们身体的必需品，零食在制作过程中，都会添加很多对身体无益甚至有害的成分，例如重盐、重糖、重辣、防腐剂、色素、味精等，从身体的需要来讲，这些都是没必要的!如果只是为了满足嘴巴的快感，你的肝肾、你的脾脏、你的六腑都需要额外增加无益的工作，还会造成负面影响：体重增加、血糖增高、胆固醇飙升……这些城市人特有的疾病隐患，很多都是日积月累地放任自己嘴巴的后果!

由于不安全的食品，被污染的水和空气，以及制造各种亚健康的生活和工作压力，我们的身体的自我清洁系统、解毒系统、更新系统已经不负重荷，如果从主观上我们依然听之任之，毋庸赘言，恶性结果只能加倍承受!

让你伤心伤情的人要远离，让你伤肝伤肺的食物更是应该毫不留情的摈弃!记得有玩笑说：人一辈子所吃的食物是个常数，所以说早吃完早完蛋!为了让我们不那么早地完蛋，还是尽量少吃点零食吧。

二、让他人不累

每人都是一个小宇宙，你不是孤立地存在，你也不是单独地运转，所以你的一言一行、一举一动都会影响别人，尤其是你身边的家人和朋友。如果你每天挂着一张长脸，即便他们闭上眼睛、捂住耳朵、关上心门，你还是会在他们面前晃悠，影响他们的生活，甚至主宰他们的喜怒哀乐!

如果学会了让自己轻松，其实相对来讲，别人也会接受来自你的正面讯息从而也能把吊着的心放回去!

每个女人都是当之无愧的家庭主角，你的态度、你的行为、你

Part 1

Part2

Part3

Part4

Part5

Part6

的习惯、你的性格、你的命运都直接地影响着你的家人，如果你暴躁易怒、敏感多疑、尖牙利齿，如果你每天四处挥洒你的负能量，你身边的老公和孩子或者父母和朋友，就都成了受害者，如果他们能忍受是你的福分，但是如果他们觉醒后决定把你赶出家门也不足为奇，请你记得：人类都具备保护自己的本能，他们是选择忍辱负重还是奋起反抗，都不是你说了算！

对孩子：

请把唠叨换成对话，请把呵斥换成商量，请把武断粗暴换成耐心聆听，记得孩子最爱的是你，他的年龄和你有着几十年人间烟火的差距，他是你自己生、自己养的最爱的孩子，不要恨铁不成钢，不要逼着他成龙成凤，不要老觉得他哪儿哪儿都不好，请多想想他当初的可爱，多看看他现在的健康丰满，他每天100次地喊你为"妈妈"，他回家就先奔向你，他哭了痛了饿了委屈了，就会100分信任你并寻求你的帮助……

我们和孩子的缘分也许只有这一次，而且也只有短短的几十年，下辈子见或不见都不重要，重要的是这辈子的缘分不要虚掷和浪费。他很快就断了奶，他挣扎着进了幼儿园，一转眼他小学毕业，等他上了中学大学，有了女朋友，你在他的生活里扮演的角色就越来越靠边儿！你不舍也好，你后悔也好，你抗拒也好，都改变不了他远走高飞的决定，你能拥有他的日子，低头想想，着实不多！

感恩孩子在身边的每一天，学着用欣赏、赞美、爱恋的眼光去看他，他那么独一无二，他那么神采奕奕，他那么让你心满意足，他那么让你骄傲自豪，你需要做的就是给他你的时间，给他你的爱，给他你的美好心情和愉悦笑脸！

Part 1

Part2

Part3

Part4

Part5

Part6

对老公：

和孩子相比，我们会有更多的时间和老公相处。佛家有言：前世500年的回眸才换得今生的一次擦肩而过，那么和老公能走到一起，结婚生子、共建家园，那么得努力修行了多少年，你怎么舍得自己那么多年的修行白白地唐捐呢？

我们自己也有缺点，老公更不是完人，只要他对你有足够的爱，其他的相对来讲都不太重要，例如他不够帅，不够细心，他喜欢脏着脚丫踩在地毯上……如果你能在心情愉悦的前提下看待，这些都是瑕不掩瑜的小事，你一定要知道：他对你一心一意，他大方大度并且从不肯惹你生气，他是忘记了洗光脚丫但是他会记得把洗衣筐里的赃衣服替你放进洗衣机！

从居家过日子的角度来讲，找一个肯和你说话的老公其实最实惠。随着岁月荏苒，这个人能对你不离不弃，能对你不停地说话，能让你心情愉悦，能和你一起变老，能和你一起同舟共济，能和你一起养大孩子，这就是个最好的老公！

人生活在这个世界上，能拥有自己的家庭自己的孩子，都是自己前世的修行的结果，是上天给予你的最好的礼物。所以我们要珍视自己作为一个妻子、一个妈妈的角色，学会在家庭生活中活出自己的精彩，给予老公、孩子关怀但也要学着适当放手，学会爱的正确方式，也给自己一片自由的天空！